言語の科学1　言語の科学入門

編集委員

大津由紀雄
郡司隆男
田窪行則
長尾　真
橋田浩一
益岡隆志
松本裕治

言語の科学入門

言語の科学
1

松本裕治
今井邦彦
田窪行則
橋田浩一
郡司隆男

岩波書店

執筆者
学習の手引き　松本裕治
第1章　　　今井邦彦
第2章　　　田窪行則
第3章　　　橋田浩一
第4章　　　郡司隆男

〈言語の科学〉へのいざない

　私たちが日常，あたりまえのように使っている言語．その言語の性質を解明することは，長年にわたる人間の知的挑戦の対象であった．では，言語を科学的に研究すること，すなわち自然科学的な方法で研究することは可能だろうか．それは可能であり，また必要であるというのが私たちの見解である．

　歴史的に見ても，すでに，紀元前のインドでは形式的な文法体系の記述がなされ，下って19世紀にはヨーロッパの言語を対象とした比較言語学の厳密な方法論が確立されていた．20世紀に至ってからは，初頭の一般言語学の確立を経て，20世紀後半には音韻体系，文法範疇などの形式的記述が洗練され，言語を科学的にとらえる試みは着実に成果を上げてきたと考えられる．

　さらに20世紀以降のコンピュータの発達は，言語現象に対する情報論的視点という新たな見方をもたらした．現在，音声認識・音声合成技術の発展，形式化された文法による構文解析技術を応用した機械翻訳システムの開発など，言語のさまざまな側面が，機械処理の対象となり得るほどに明らかにされつつある．

　しかし，従来の学問観に従う一般的な認識では，言語学は自然科学の一部門ではなく，人文学の領域に属すると見なされる傾向が強いのも事実であろう．本叢書では，言語を一種の自然現象と見なす方法を前提としている．特に，物理学のような典型的な自然科学に範をとるだけでなく，情報のような抽象的な存在を対象にする情報科学など，近年の自然科学のさまざまな方法論に立脚し，言語を，人間が，そして人間のみが，自在にあやつる，情報の一つの自然な形態として捉える見方に立っている．

　そのような言語観に立った場合，さまざまな興味深い知的営みが可能になる．現在どのような分野の研究が言語の研究として行なわれているのか，言語の研究者によってどのような研究対象が設定されているのか，それぞれの研究はどのような段階に至っているのか，また，今後どのような研究が期待されているのかということを，人文系・理工系を問わず，できるだけわかりやすく読者に示すことを試みた．

本叢書はもともと，岩波講座「言語の科学」として刊行されたものである．本叢書の特色は，言語の研究に深く関連している言語学，国語学，言語心理学，言語教育，情報科学，認知科学などの研究分野の，従来の縦割りの枠に捉われず，これらの学問の最新の成果を学際的に統合する観点に立っていることにある．

　本叢書のもう一つの特徴は，各巻を研究対象ごとに分けた上で，さまざまな角度からの研究方法を統合的に紹介することを試みたことである．文科系の読者が自然科学的な方法を，また，理工系の読者が人文学的な知識を，無理なく身につけることが可能となる構成をとるように工夫した．

　以上のような趣旨をいかすため，各巻において，言語に関する研究の世界の第一線の研究者に執筆をお願いした．各執筆者には，基本的な事柄を中心にすえた上で，ときには最先端の研究動向の一端も含めて，読者が容易に理解できるように解説していただいた．幸いにして私たちの刊行の趣旨を理解していただき，現時点において最良の執筆陣を得られたと自負している．

　全体の巻構成と，この叢書がなぜこのように編成されたか，ということを簡単に説明しておこう．本叢書の各巻のタイトルは次のようになっている．

　　1　言語の科学入門　　7　談話と文脈
　　2　音声　　　　　　　8　言語の数理
　　3　単語と辞書　　　　9　言語情報処理
　　4　意味　　　　　　 10　言語の獲得と喪失
　　5　文法　　　　　　 11　言語科学と関連領域
　　6　生成文法

　「科学」としての言語学という性格を一番端的に表わしているのは，第6巻で解説される「生成文法」という，20世紀半ばに誕生した文法システムであろう．生成文法は言語獲得という事実にその経験的基盤を求める．そこで第10巻『言語の獲得と喪失』では，言語の獲得と喪失が言語の科学とどう有機的に結びつくのかを明らかにする．一方，第5巻では，生成文法誕生以前にさかのぼり，特定の理論的枠組によらない，文法研究そのものを検討する．「文法」に関する2つの巻，およびそれと深く関連する第10巻は，言語学の科学としての性格が特に濃厚な部分である．

第7巻『談話と文脈』は，これとは対照的に，言語の使い手としての人間に深くかかわるトピックを扱う．その意味で，人文学的な研究とも通じる，言語研究の「醍醐味」を感じさせる分野であるが，形式化などの点からは今後の発展が期待される分野である．

　文法に関する2つの巻を第7巻と反対側からはさむ形で第4巻『意味』がある．ここでは，科学的な性格が色濃く出ているアプローチ（第2章）と，言語の使い手としての人間という見方を強く出しているアプローチ（第3章）が並行して提示されているので，読者は意味の問題の奥深さを感じとることができるだろう．

　第2巻の『音声』については，音響に関して物理学的な研究法がすでにある．この巻では，そのような研究と，言語学の中で発達してきた方法論との双方が提示され，音声研究の幅の広さが示されている．

　第3巻『言語と辞書』は音声と意味との仲立ちをする装置としての語彙についての解説である．これも，言語学や心理学の中で開発されてきた方法論と，より最近の機械処理の立場からの研究の双方を提示している．

　第8巻『言語の数理』と第9巻『言語情報処理』は言語科学の研究の基礎的な部分の解説であり，特に，数学や情報科学になじみのない読者に必要最小限の知識をもっていただくことを意図して書かれている．これらは，言語科学の技術的側面が最も強く出ている巻でもあろう．言語の研究におけるコンピュータの役割の大きさは，ほとんどの巻にコンピュータに関連する章があることからも明らかであるが，特に言語を機械で扱う「情報」という形で正面から捉えた巻として第9巻を位置付けることができる．

　最後の第11巻『言語科学と関連領域』は，言語の科学そのものに加えて，それに関連する学問との接点を探る試みである．特に，言語の科学は，人間そのものを対象とする心理学，医学，教育学などと深い関連をもつので，それらに関する章が設けられている．

　言語に関わる現象は多岐にわたるが，本叢書の巻構成は言語現象ごとに1ないし2巻をあて，各巻の内容は大筋において独立なので，読者はどの巻からでも読み始めることができる．ただし，第1巻では本叢書の中心的な内容を先取りする形で，そもそも「言語の科学」という課題がなぜ設定されたか，という点について述べているので，まず最初に読むことをお薦めする．

この叢書は，言語学科に学ぶ学生や言語の研究者に限らず，言語に関心をもつ，すべての分野の，すべての年代の人々を読者として企画されたものである．本叢書がきっかけとなって，従来の言語学に何かつかみどころのない点を感じていた理工系志向の読者が言語の科学的研究に興味を示し，その一方で，今まで科学とは縁がないと考えていた人文系志向の読者が言語の研究の科学的側面に関心をもってくれることを期待する．そして，その結果，従来の志向にかかわらず，両者の間に真の対話と共有の場が生まれれば，編集委員としては望外の幸せである．

　2004 年 4 月

大 津 由 紀 雄
郡 司 隆 男
田 窪 行 則
長 尾 　 真
橋 田 浩 一
益 岡 隆 志
松 本 裕 治

学習の手引き

　言語を科学的に研究することは可能であり，それはすでに行なわれている．本叢書を貫くこのテーゼの導入を行なうのが本巻の目的である．言語には規則性があり，それが自然科学でいう法則と同等のものであると我々は考える．言語の規則は**文法**と呼ばれる．注意してほしいのは，「文法」という用語が何通りかの対象を指すのに使われることである．英語や日本語など個別の言語の，しかも，語彙（人間の心的辞書）を除く，文の構造的な規則の集合を指して文法と呼ぶこともある．一方，最近の文法理論では，語彙項目は文法の重要な要素であり，辞書と構造的規則の総体を文法と呼ぶ．しかし，これもあくまで個別言語の文法であり，これだけが本叢書が対象とする文法ではない．生成文法を代表とする理論的な文法研究が対象にするのは，我々人間が個別言語を習得することを可能にする生得的な**言語機能**(language faculty)であり，これは**普遍文法**(universal grammar)とも呼ばれる．

　このような生得的な文法観に基づくアプローチをはじめとする，さまざまな科学的な言語研究の導入を目指して，本巻は次のように構成されている．第1章では，言語がもつ規則性を読者とともに探るため，その外面的な性質から説き起こし，有限の規則から無限の文の派生を可能にする数理的な文法の考え方を説明する．さらに，人間の種としての，および，個としての言語獲得を通して，普遍文法に基づく言語の定義へと至る．読者は，生成文法の基本的な文法観に触れることになるであろう．

　第2章と第3章は，本叢書の両輪である言語学と情報科学のそれぞれの立場から，言語研究の方法論を紹介している．これらの章はどちらを先に読んでもかまわない．第2章では，比較言語学，構造言語学，生成文法の三つのアプローチを取り上げ，それぞれの研究の前提や限界を簡潔に解説している．その中に示されたいくつかの例を見ることによって，読者はそこでとられている研究の方法論を垣間見ることができるだろう．

　第3章では，コンピュータによる言語理解あるいは言語処理の現状だけでなく，その歴史や言語システムの評価の問題，さらに，コンピュータによる言語

理解とは何かという問題にも言及している．言語が表わす意味とは何か，言語を理解するには何を達成すればよいのか，読者も一緒に思いをめぐらせてほしい．言語処理システムでは最新の言語学の成果が必ずしも取り入れられているわけではなく，両分野が相補的な関係を持つに至っていない．本章ではその理由のいくつかについても説明されている．

第4章は，科学的な研究の態度や方法論を説き，言語研究を科学として捉える本叢書の趣旨の裏付けを行なっている．本叢書の他の巻をどのような態度で読むべきかの参考になるだろう．いつか後の時点で本章を再び読み返されることを勧めたい．

生得性に基づく文法観および言語処理に関して，本巻では紙数の関係であまり触れられなかったいくつかの関連事項について補足し，他の巻との関連を述べておこう．

文法の生得性については議論の分かれるところである．生得的な文法および人間の言語獲得に関して興味を持たれる読者は，本叢書第10巻とあわせて S. Pinker の啓蒙書 (Pinker 1994) を読まれるを勧める．また，R. Jackendoff (1997) は，統語論だけでなく音韻部門や意味概念部門も視野に入れ，処理の観点をも含む言語機能の構造を提案している．

統語論の自律性を謳い，当面の目的を達成するために「意味」を捨象した N. Chomsky の生成文法の流れの中にも，θ 役割†のような項構造の情報が要素として含まれている．ただし，これは「意味」ではなく，動詞の現れ得る統語構造に対する制約として働く統語的情報である．しかし，一方で，「意味」が実は統語構造に重要な役割を果たしていることが指摘されている．その背景にあるのは，語の意味が語の統語的な振る舞いを予測するという仮説であり，子どもの言語獲得や語の創造的な使用にその証拠を見ることができる．

例えば，子どもは，新しく覚えた動詞を使用する際に，すでに知っている動詞と同じ統語構造の中でそれを用いる傾向がある．また，本来名詞である "fax" という言葉を「ファクスで送る」という意味の動詞として使用するときに，英語の話者は問題なく一貫性をもって send などが現れるのと同じ統語構造を fax に対しても利用する（すなわち，"fax a message to a person" という形で用いる）．また，動詞 "load"（積み込む）は，"load hay into a cart" "load the cart with hay" という格の交替が可能であり，同じような意味を持つ "pile"（積み重

ねる)も同様の格の交替が可能である．これらの動詞のそれぞれの用法を，異なるものとして個別の下位範疇化(あるいは項構造)として羅列するのではなく，動詞の意味を分類し，それぞれの動詞クラスがどのような格の交替を共有するかを記述することにより，これまで表面的には動詞が複数の用法を持つと考えられていた曖昧性が共通の意味構造から派生したものとして説明される．このような視点により，語の記述がコンパクトになるだけでなく，語の意味的な類似性や格の交替による用法の間の微妙な意味の差(例えば，上の例では，前者の文が干しワラを積む作業が中途半端な状態で終わっても問題がないのに比べて，後者の方では荷車が干しワラで一杯になって作業が完結するという全体的な読みを持つ)などが自然に説明できるようになる．このような意味と統語のインタフェースについては本叢書第4巻，第5巻第3章，および Pinker (1989)，B. Levin (1993) が参考になる．また，動詞だけでなく名詞についても同様に様々な派生的な意味を簡潔に説明する語彙構造として Generative Lexicon が提案されている (Pustejovsky 1995)．

　言語研究において何が重要であり何がそうでないかは，研究の対象と目的によって異なり得る．当面の研究対象に重要でないものを捨象することによって問題の本質を明確にすることは正しい研究態度である．機械翻訳を含む実用的な言語処理システムは，逆説的に言えば，目的に不要なものをいかに排除した言語モデルを採用するかに腐心しているとさえ言える．限定した目的を達成するために言語モデルを限定して性能向上を図ろうとする方向の言語処理として，統計的言語処理 (Charniak 1993) や有限状態オートマトンによる言語処理 (Roche & Schabes 1997) などは，その典型例であり，限定された言語に対する適切なアプローチと言ってよいだろう．言語処理に関する基本的なアプローチについては，第8巻，第9巻にまとめられる．

　読者は本巻を読まれて，ときには，理論言語学と言語処理研究の間にギャップがあることを感じられるかもしれない．しかし，それらは対立するものではないはずである．理論言語学者が言語処理研究者の対象にする言語現象とその取り扱いの浅さを揶揄すべきではないし，言語処理研究者が言語学者の処理に対する無頓着さに落胆すべきでもない．たとえ現状がどうであれ，両者の研究対象は必然的に相補う方向で進むべきものであり，その理解を促すことが本叢書の中心的な目的の一つでもある．例えば，本巻でもしばしば触れられている

ように，音韻論における最適性理論(第2巻第2章)，統語論のミニマリストプログラムにおける経済性(第6巻第4章)，語用論における関連性理論(第7巻第1章)など，様々なレベルの言語理論が「処理」の経済性や簡潔性を基準として取り上げており，これはコンピュータによる言語処理へ自然に結びつくことが期待される．

　本叢書の他の巻では，本巻で述べられたことを含む様々な重要な概念や理論が紹介されることになる．本巻第4章でも暗に述べられているように，そのどれもが絶対に真理であることはないが，真理の一部を物語っていると言える．それぞれの理論の目的や視点を適切に捉え理解する努力を惜しまないでほしい．それらの本質が何かを常に見極める態度を本巻から感じ取っていただければ幸いである．

目　　次

〈言語の科学〉へのいざない ･････････････････････････ v
学習の手引き ･･･････････････････････････････････ ix

1　言語とは何か ･････････････････････････････ 1
1.1　言語の定義 I: 言語の一般的特徴 ･･･････････････ 3
1.2　言語の定義 II: 個々の言語 ･･･････････････････ 12
1.3　なぜ人間には言語が備わっているのか ･････････････ 15
　　(a)　系統としての言語獲得 ･･････････････････････ 15
　　(b)　個体としての言語獲得 ･･････････････････････ 18
1.4　言語の定義 III: 言語能力と言語運用 ･･･････････ 23
1.5　言語の自律性 ･･･････････････････････････ 25
1.6　言語の意味 ････････････････････････････ 28
1.7　人　工　言　語 ･････････････････････････ 32
1.8　手　　　話 ･････････････････････････････ 38
第 1 章のまとめ ････････････････････････････ 42

2　言語学のめざすもの ･･････････････････････ 45
2.1　言語学・言語学者とは何でないか ････････････ 47
2.2　比較言語学 ････････････････････････････ 48
　　(a)　比較言語学の誕生 ･･････････････････････ 49
　　(b)　比較言語学の方法 ･･････････････････････ 49
　　(c)　比較法の基礎 ･･････････････････････････ 50
　　(d)　比較言語学の限界 ･･････････････････････ 52
　　(e)　比較言語学と構造言語学 ････････････････ 53
2.3　構造言語学 ････････････････････････････ 56
　　(a)　言語の体系性の発見 ････････････････････ 56
　　(b)　構造言語学の方法 ･････････････････････ 57
　　(c)　構造主義における体系の習得 ････････････ 58

xiv 目次

- 2.4 生成文法 60
  - (a) 生成文法の研究対象 60
  - (b) 文法知識の性質 62
  - (c) 言語機能の生得性とメタ理論 62
  - (d) 生成文法における理論の検証 66
- 2.5 言語の説明理論をめざして 75
- 第2章のまとめ 77

3 言語への情報科学的アプローチ 79

- 3.1 自然言語処理技術の概要 81
- 3.2 歴史と展望 89
- 3.3 自然言語処理システムの評価 98
- 3.4 認知モデルと情報処理 103
  - (a) 理論と処理 103
  - (b) 部分性と計算 106
  - (c) 計算と意味 109
- 3.5 言語理論と工学的応用 112
  - (a) 応用の条件 113
  - (b) 現象の重要性 115
  - (c) 理論の一般性 116
  - (d) 計算量 119
  - (e) 入手不能な情報 121
  - (f) 理論を使わない理論 122
- 第3章のまとめ 124

4 言語科学の提唱 127

- 4.1 近代科学と言語科学 129
  - (a) 科学とは何か 129
  - (b) 科学でないもの 138
- 4.2 言語科学の特徴 140
  - (a) 自然と人間 142
  - (b) 観察と実験 143

		(c)	妥当性のレベル	145
		(d)	還元主義	149
		(e)	パラダイム依存	152

4.3 言語科学と関連科学 ... 155
 (a) 認知科学としての言語科学 ... 155
 (b) 科学と技術 ... 157
 (c) 言語科学と言語工学 ... 159

4.4 複雑系としての人間 ... 160
 (a) 複雑性 ... 160
 (b) 人間の個体差 ... 161
 (c) 不確定性 ... 162
 (d) 局所性と複雑適応系 ... 163

第4章のまとめ ... 165

用語解説 ... 167
読書案内 ... 171
参考文献 ... 177
索引 ... 185

1
言語とは何か

1 言語とは何か

【本章の課題】

　人間は誰しも，人間については，ほかならぬ自分たちのことなのだから，よく知っていると思いがちである．しかし，つぎのような設問に的確な答が出せる人は実のところいないのだ．高速道路で車を運転しているとき，人間の頭は目や手足にどういう指令を出し，どのような動きをさせているのか．卵を茶碗のふちに，殻が割れるに充分なだけ強く，しかし黄身を壊さない程度に弱い力でぶつけて割るとき，人間は自分のどこをどうコントロールしているのだろうか．母親の小学校卒業記念集合写真の中から，幼い日の母がどこにいるかを当てることができるのはなぜだろう．$298+753=1051$ という計算を行うとき，頭の中では何が起こっているのか．

　人間を人間たらしめている**言語**(language)についても同様のことが言える．毎日使っているものであり，あまりに身近な存在なので，自分の顔や住所，氏名，年齢と同じぐらい知り尽くしているつもりでも，あらたまって「言語とは何か」と問われると答に窮してしまう．この，思いがけず難しい設問に対する答を吟味しようというのがこの章の目的である．

　ものごとの中には，いろいろな角度で見ることのできるものがある．ある一つの地域に関して，「絵画や詩歌・楽想の題材に適した景観に富む土地である」と捉えることも，「これこれの地殻変動の後にしかじかの自然現象が起こり，かくかくの植物相，動物相が生じた過程の所産である」と定義することも，「土の肥沃さから見て農地に適している」とか「立地条件から言って一大工業地帯を築き得る」と見ることのいずれも可能である．

　言語もまた，さまざまな角度から眺めることが可能で，それゆえ，いくつかの視点からその特徴を見出して定義することができる．そしてその定義のおのおのが，それぞれに正しく，かつ言語とは何かを知る上で有益なのである．

1.1 言語の定義 I: 言語の一般的特徴

「偶数とは何か」と問われれば，「2で割り切れる整数」などのような，比較的簡単な定義で答えることができる．ところが「言語とは何か」という問いには，それほど即座には答えられない．言語というものの特徴を一つ一つ数え上げながら「言語の定義」に迫っていくことにしよう．

まず，

（1） 言語は記号である

と言うことができる．「赤い」という単語はある特定の色彩を表す記号であり，「黙れ！」という文は相手に沈黙を要求する話し手の意志を表す記号である．だが，言語のほかにも記号は無数にある．交通標識の

はそれぞれ進入禁止，工事中を表す記号であるし，段ボール箱に描かれた割れたグラスの絵

は「壊れ物につき取り扱い注意」を表す記号である．また，人差し指である方向を示したり，手招きをしたりする動作も「あそこを見ろ」「こっちへ来い」などを表す記号であり，比喩的に「身体言語」(body language) などと呼ばれたりもするが，この叢書で言う言語には含まれない．

そこで，

（2） 言語は音声に基礎を置いた記号である

とすればどうか．こうすれば，交通標識や段ボールの上の絵，いわゆる身体言語は音声に基礎を置いた記号ではないから，言語の定義からはずすことができる．「音声を用いた記号」と書かずに「音声に基礎を置いた」というまわりくど

い言い方をしたのは，文字言語を考慮に入れたからである．人間が音声を使った言語を持ち始めたのは3万年前とも6万年前とも推定されているが，文字の出現はせいぜい数千年前のことにすぎない．現代の世界でも文字を持たない言語が存在するし，逆に文字だけを持っていてその文字を音声に還元できない言語などというものは存在しない．しかし，だからといって「文字言語は音声言語の単なるコピーにすぎない」として，これを言語の厳密な定義から締め出すことも誤っている．文字の発明によって，人間は知識の確認・保存・伝播・伝承などを行えるようになり，測り知れぬ文化的恩恵にあずかることとなった．現に読者が読んでおられるこの文字の列が言語であることを否定するのはとうてい不可能である．文字の出現を「一大認知的テクノロジーの導入」と呼ぶ人もあるほどだ．

さて，(2)のように言うと，人間のしゃべる言語と，他の動物があげる鳴き声，叫び声との区別が付かなくなるのではないか，という疑問が湧くかもしれない．たしかに，たとえばある種のサルは，近づいてきた敵がヘビかワシかによって別々の警戒音，つまり異なる音声記号を用いることが知られている．しかし言語と動物の音声記号との差は，次の(3), (4)にあげる言語の特徴によって説明されうる．

　(3)　言語は超越性を持つ

人間は「おととい新大阪駅で山田君に会った」とか「来年の今頃，私はヨーロッパの古城巡りに精を出しているだろう」などのように，過去や未来について語ることができる．つまり言語には時間を「超越」する力がある．これに対してサルが警戒音を発するのは，「今現在ヘビなりワシなりが近づいている」ことを示しているのであり，「先週ヘビがやってきた」とか「明日の午後あたりワシが襲ってくるだろう」などということを意味するのではない．動物の叫び声には時間を超越する力がないのである．空間についても同様で，人間は東京にいながら大阪やヨーロッパの話ができるが，たとえばイヌ同士が「隣の町の公園のそばの3階建ての家には可愛いヨークシャーテリアがいるぜ」「いや，反対側の工場跡によく来るプードルの方がいいよ」などという「会話」をするとはとうてい想像できない．確認のしようのないことがらだが，動物の音声には空間についても超越性を欠くと見るのが妥当だろう．

　言語の超越性はこれにとどまらない．我々は竜とか鵺とかウルトラマンな

ど，存在しないものに名前をつけることができるし，「丸い四角」とか「正直な詐欺師」などのような矛盾した表現を作り出す能力を持ち，真っ赤なうそをつくこともできる．（なお，音声を用いるわけではないが，ミツバチのダンスは，花の蜜のある方向とそこまでの距離を仲間に知らせるという点で，動物の伝達方法の中では空間に関して超越性を持つ例外的な存在と言うことができよう．ただし，高い塔の上に蜜を置いて行った実験では，ミツバチはその位置を仲間に教えることができなかった．水平方向を仲間に伝えることのできる伝達能力を垂直方向に応用することは不可能だったのである．これはミツバチの"ことば"がすぐ下の(4)に述べる「創造性」に欠けるためと考えられる．）

　言語が持つもう一つの特徴として，

　(4)　言語は創造性を持つ

があげられる．鵺は頭がサル，胴がタヌキ，尾がヘビ，四肢がトラの怪鳥とされたが，こういう存在が空想によって想定されたとき，往時の人はこれに「ヌエ」という名前を与えた．西洋で発明された蒸気機関による交通手段が東洋に導入されたとき，日本人はこれを「汽車」という新語で，中国人は「火車」という新語で呼んだ．現代でも我々は新しいもの・ことが出現したり，発見・発明・想定されるたびに，それらに，たとえば，ニュートリノ，クォーク，遺伝子工学，インターネット，サイバースペース，テレクラ，コギャル，おやじ狩りなどの新語を与え続けている．このような「造語力」は他の動物にはない．イヌやネコはそれぞれ何種類かの鳴き声を持っているが，言語が持つ単語の多さとはくらべものにならないし，その数が，個体の成長とともに，あるいは世代を重ねるうちにどんどん増えていく，などということはまったくない．

　言語が持つ創造性は，単語のレベルにとどまるわけではなく，単語の組み合わせである**文**(sentence)においてよりいっそう強く発揮される．人間は日々新しい事態・状況に接して，それを表現するために必要な新しい文を作り出し，あるいはそうした文を読んだり聞いたりして理解している．たとえば今日の新聞に使われている文を全部書きだして，それらのうちに昨日の新聞にもまったく同じ形で使われていた文があるかどうかをチェックしてみるとする．そのような文はゼロであるか，あったとしてもごく少数であることが判明するだろう．報道する内容が異なれば，使われる文もそれに応じて異なってくるからである．事実，人間が言語を用いて作り出すことのできる文は無限であるのだ．

このことは次の例からも明らかである．
(5)　山田太郎 の 父 がむかし勤めていた 会社 の 社長 の 妹 が経営している レストラン の 常連客 のうちの 一人 から寸借詐欺をやった 男……のことが新聞に出ていた

(5)の「……」部分は無限に引き延ばすことができる．つまり文というものは無限の長さを持ちうるのだ．と同時に，(5)を，下線を引いたどの部分までで切って「のことが新聞に出ていた」につなげても，正しい文が得られる．ということは，言語を使って作り出すことができる文は，数の上でも無限であるということである．この意味で，(4)の「創造性」は，「生産性」「無限性」ということばで置き換えることが可能である．（むろん，無限の長さ・数の文を実際に作り出すことができる個人がいるはずはない．人はみな有限の命しか持っていないからだ．しかしこのことは，自然数を1, 2, 3, 4, 5, …と無限に数え続けられる生身の人間がいないからといって，自然数が無限であることが反証されないのと同様，文が長さ・数の点で無限であることの反証にはならない．）

言語の特徴として，あと2点をあげる必要がある．その第一は，
(6)　言語は構造を持った記号体系である

という点である．あるものが「構造を持っている」ということは，大ざっぱに言えば「そのものを形作っている要素の結びつきについて一定の決まりがある」ことを意味する．たとえば単語はオト，つまり母音や子音という要素によって形作られているが，このオトの結びつきには一定の決まりがある．日本語の単語が子音で終わるのは，その子音が「ン」である場合に限られる．日本語には英語 jump, kiss などのように p や s で終わる単語はないのである．また，単語が子音で始まるとすれば，英語では try, strike などに見るとおり，2個，3個の結びつきが許されるが，日本語では1個に限られる．そこでこれらの英単語が日本語に移入されるときは，torai, sutoraiku のように原語にはない母音が挿入される．一方，英単語のはじめには最大3個の子音が来ることが許されるが，どんな子音をどう結びつけてもよいわけではなく，tly, ftrike のような単語はどんな英語辞書を引いても出てこない．また，英語では[e]というオトで単語を終えることができない（綴り字が -e で終わる語は無数にあるが）．そこで sake(酒)のような日本語や，fiancé(婚約者)のようなフランス語が英語に入ると，ほぼ「サキー」「フィアンセイ」のような発音に変わってしまうのである．

文を形作っているのは単語である．単語の結びつきにも決まりがある．
　　狩人が熊を殺した．
は紛れもない日本語の文だが，同じ単語を
　　が狩人殺したを熊．
のように結びつけたのでは文ではなくなってしまうし，
　　熊が狩人を殺した．
は二つ上の文とは別の文である．英語でも事情は同じで，
　　The hunter killed a bear.
と
　　A bear killed the hunter.
は別々の文であり，
　　Killed hunter a bear the.
は文ではない．
　　また
　　　①　②　③　④　⑤
　　The hunter killed a bear.
の各単語に示したように，番号を付けてお互いの関係を考えてみよう．まず④は，③，⑤のどちらとより強く結びついているだろうか．言うまでもないかもしれないが，⑤である．"Killed a!"と言われても聞き手はきょとんとするほかないが，"A bear!"と叫ばれれば熊が襲ってきたとか，向こうに熊のいるのが見えるということを聞き手に伝えようとしているのだなという見当がつく．④のaは「冠詞」，⑤のbearは名詞である．名詞の前に冠詞がついたものは「名詞句」の1種である．一般的に言えば，名詞句は名詞に何かが強く結びついてできたものであり，名詞よりも一つ格が上の存在だと言える．自転車の車輪はタイヤ，チューブ，スポーク，リムなどの部分から成っているが，車輪はこれらの部品より格が，つまり階層が上だと感じられるし，さらに二つの車輪，ハンドル，ブレーキ，チェーン，サドルなどの部分から成る自転車は，これらの部分よりも格が高いと考えられるのと同じである．①+②，つまりThe hunterも「冠詞+名詞」という形の名詞句であり，②だけ，つまりhunterという名詞より位が一段上である．

　　つぎに③は，①+②から成る名詞句と④+⑤から成る名詞句のどちらとより強く結びついているだろうか．答は④+⑤の方である．①+②+③から成

る The hunter killed という語のつながりは「ほんらい文であるべきものから何かが抜け落ちている・何かまとまりに欠ける」という印象を与える．これに対して③+④+⑤ から成る killed a bear は，決して文を構成しているわけではないが，そこからは「だれか（なにか）が熊を殺した」というまとまった意味がくみ取られ，何かが欠け落ちているという印象は与えない．③は言うまでもなく動詞である．④+⑤ はいま見たとおり「名詞句」であった．すると③+④+⑤ という語のつながりは，③+[④+⑤] とでも書き表せる，「動詞+名詞句」という形を持つことになる．一般に，動詞とそれ以外の何かの要素（この場合名詞句）が強く結びついたものを「動詞句」と言う．③+[④+⑤] はまさしく動詞句を成しているのである．名詞句が名詞より一段格の高い存在だったのと同じく，動詞句も動詞より一つ格が上の存在なのである．

このように見てきた The hunter killed a bear. という文の「階層的構造」を示すと図 1.1 のようになる．

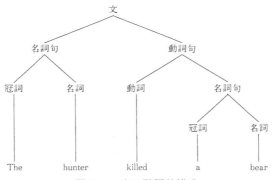

図 1.1 文の階層的構造

交通標識も記号である．しかし数多くの異なる標識を並べてみたところで，それぞれの標識の独立した意味が表されるだけで，全体としてまとまった新しい意味が出てくるとか，並べ方の順序を変えると全体の意味が異なってくる，などということはない．交通標識は構造を持たないか，かりにあったとしてもごく貧弱な構造しか持たない記号群なのである．

さて，「構造」についてはこれで一通り説明したが，(6)で使われている「体系」についてはまだ触れていなかった．この二つはどう違うのか．比喩的なことばを使えば，体系とは「構造を作る材料」であると言えるだろう．英語の体

系にはf，vという音があるが，日本語にはこれが欠けている．そこでsurferとかvideoという英語の単語を日本語に移入するときは，[sa:Φa:]，[bideo]のように，日本語の体系中にあるΦ(「冬」「富士山」などの語頭に使われる，上下の唇を近づけて出す摩擦音)やbで代用することが多い．逆に英語の体系中には「ン」が含まれていないので，英語国民が「勘案」を発音しようとすると「火難」「艱難」のようになってしまうのが普通である．これらの代用や発音の困難さは，それぞれの言語の体系に原因を持つ．対照的に，英語国民が日本語の「酒」やフランス語のfiancéの最後の母音をうまく発音できなかったり，日本人がstrikeのsとt，tとrとの間に母音を付け加えたりする傾向を持つことは，体系に原因するものではない．英語の体系にはeという音がbed，getなどの例をあげるまでもなく立派に存在するし，日本語の体系中にsやtが欠けていないこともまた言うまでもないことだからである．これらは「語尾にeという音は使わない」「語頭に子音を三つも続けて使うことはない」というそれぞれの言語の「構造」上の制約に由来するものである．

　文を作る上でも体系が関連している．まず単語に関して言えば，「せっかく教えてやったのに」の「せっかく」とか，「どうせまた太郎は遅れて来るだろう」の「どうせ」を，それぞれ1語で他言語に訳すのは多くの場合不可能であるし，ドイツ語のdoch，etwaなどのある種の使い方は，非ドイツ語国民を悩ませるものとして有名である．また，日本語では「かき混ぜ」(scrambling)といういわば規則がかなり自由に働くが，英語の場合はそれほど自由ではない．前者では

　　　太郎は花子に本をやった．
とも

　　　太郎は本を花子にやった．
とも言えるが，後者では

　　　Taro gave Hanako a book.
を

　　　Taro a book to Hanako gave.
などと言い換えることはできない．また「主語代名詞削除」という現象も前者では大いに活躍するが，後者では活躍の範囲はごく限られている．

　　　ジョンは何て言ってる？

に対して

　　　野球は好きじゃないって言ってる．

とは言えるが，英語を使って

　　　Says doesn't like baseball.

　（*He* says *he* doesn't like baseball. の斜体部（主語代名詞）を削除したもの）とは言えない．（これらの例は構造上の違いを反映するもののように見えるかもしれないが，日本語の体系には活躍範囲の広い「かき混ぜ」「主語代名詞削除」が用意されており，英語の体系には日本語のそれにいくぶん似てはいるが活躍範囲のごく狭い規則しか備わっていない，と考えれば，これらの現象は体系の差に基づくものであると言える．）また，英語に存在する冠詞，比較級，完了形などのカテゴリーが日本語に欠如しているのも両言語の体系の差である．

　なお，上記のような説明の仕方をすると，体系というものが日本語，英語，ドイツ語など，言語ごとに千差万別なものであるかのような印象を与えるかもしれないが，それは間違っている．どの言語にも名詞，動詞，形容詞，副詞などの主要な語類やそれに相当するものが存在するし，文法の記述の仕方によって呼び名が異なる語類が実は同一ないし類似のものであることも多い．日本語の形容動詞は，語形や活用を除けば，つまりそれが文の中で果たす役目から言えば形容詞と同じであるし，助詞は英語などの前置詞と働きが似たものであり（このため助詞を「後置詞」と呼ぶ人もいる），連体詞のうち「この机」などの「この」は this, these などの指示詞に相当する．このように，異なる言語の間でも基本的な面ではかなりの共通性というか普遍性が見られるのである．

　言語のもう一つの特徴として，次の(7)があげられる．

　(7)　言語記号は恣意的である

「恣意的」とは「ほしいままの，勝手な」という意味である．これは主として，単語（を表している音声）と，その単語が意味するものやことがらの間に，必然的な関係がない，という事情を指す．この恣意性から，同じ動物を日本語ではイヌと呼び，英語では dog，ドイツ語では Hund，フランス語では chien と言う事実が説明できる．中には日本語の郭公(かっこう)，英語の cuckoo のように，その鳴き声が源と目されるものもあるが，そうした単語はごく限られた数しかない．言語以外の記号には，昔の無線通信で使われたモールス符号のように恣意的なもの（「・」で短音，「ー」で長音を表せば，「イ」「ロ」「ハ」はそれぞれ「・ー」

「・─・─」「─・・・」であった）もあるが，多くはその源をたどることのできるものである．交通標識のほとんど，「取り扱い注意」を表す割れたグラスの絵，地図の上で神社を表す鳥居のマークなどがそれで，これらの記号とそれが表すものとの間には，必然的とは言えないまでも（たとえばグラスの代わりに花瓶を使っても，鳥居の代わりに注連縄(しめなわ)を使ってもよいわけだが），深い関わりがある．これに対してある動物を指すのになぜ「イヌ」という音声を使うか，という問いには答えようがないのである．単語の結びつきである文についても恣意性は見出される．「熊を殺した」と killed a bear を比べれば，動詞と目的語の順序がちょうど逆になっているし，後者に使われている「冠詞」（この場合 a）に相当する語類は日本語にない．同じことを表現するのに別々な方法があるということは，どの方法も恣意的であることにほかならない．

ただ，恣意性にも限度がある．言語の用い方は社会的な約束事でもあるので，日本社会でイヌと呼ばれている動物を，ある人が今日からネコと呼ぶことにしたいと思っても，それは通用しない．英語の語順についての規則を変えて，A bear killed the hunter. が「狩人が熊を殺した．」の意味を持つようにしたいと考える人は英語社会に受け入れてもらえない．

恣意性の歯止めをなす，もう一つの，より重要な因子がある．言語は人間が使うものであるから，人間のいわば本性に反したことは，当たり前のようだが，起こり得ない．明白なのは，単語を形作る音声の場合であろう．上下の唇を閉じて出す m の音や，舌を上顎に付けて作る k などは誰にでも発音可能だが，唇を上顎に付けることは生理学的に不可能だから，そのようにして出す音が単語に使われることはあり得ない．文についても，1.3 節(b)で述べることからして，おのずと人間的制約の範囲を超えることはない．たとえば，ある文の語順を正反対にすると元の文に対応する否定文が生まれる（「殺したを熊が狩人」といえば「狩人は熊を殺さなかった」という意味になるような）などという規則を持った言語は想像できないし，「どの文についても，最初から三番目の単語は必ず形容詞である」などという特徴を持った言語もあり得ないのである．

1.2　言語の定義 II：個々の言語

　上の(1)〜(4)および(6)(7)であげた特徴は，どんな言語にも当てはまる，つまり「言語一般」が持つ性格である．だが，これだけだと，日本語，英語，中国語，アラビア語などの「個別言語」の顔が見えてこない．英語では「言語一般」を冠詞抜きの language で表し，一つの個別言語を冠詞つきの a language で，二つ以上の場合は複数形の languages で表すことにより区別する．1.1 節は What is language? という問いに答えようとするものであった．この節では What is *a* language? という問いを扱おう．

　まず，ある一つの個別言語とは，

　(8)　その言語を用いて作りうる文のすべて

であるという予備的な"定義"をしてみよう．(引用符" "を付けたのは，(8)では論理学で言う「論点先取†」が起こっており，厳密な意味での定義ではないからである．しかしこれは常識的な，しかも究極的には間違っていない見方を提示したものであり，以下の論考に何らの影響を与えるものではない．) 前に述べたように，ある言語を用いて作りうる文の数は無限である．有限個の成員から成る集合については，その成員をすべて列挙することができるが，無限の成員から成る集合(無限集合)ではそうはいかない．「2 よりも大きく 14 よりも小さい偶数のすべて」から成る集合なら $\{4, 6, 8, 10, 12\}$ のようにそのすべてを列挙できるし，「2 よりも大きく 1 兆より小さい偶数のすべて」を列挙することも，たいへんな作業ではあるが不可能ではない．しかし「偶数のすべて」は無限集合だから，その成員を列挙することは原理的に不可能である．この章の冒頭に述べた言い方を応用して，この集合を「2 で割り切れる整数のすべて」のように「定義」しなければならない．(8)の予備的な定義を，もっと明確な定義にするにはどうすればよいか．

　どの個別言語にも単語があり，単語の結びつけ方に関する規則，つまり文法規則がある．単語が文法規則によって結びつくことにより無限の文ができるわけだから，(8)で示される集合を定義するには，その言語の

　(9)　単語のすべてから成る集合と文法規則のすべてから成る集合

を提示すればよいわけだ．とは言いながらも，個別言語が持つ単語の数は無限

ではないにせよ膨大なものであるし，どのような規則を設定しどのように表記するかについても，研究者の間で統一された見解があるわけではない．個別言語のうちから日本語だけを選んだとしても，日本語の単語すべてと日本語の文法規則すべてを提示するのは，たかだか数十ページのこの章で行うのは無理である．そこで個別言語について(9)を提示するための原則というか，骨組みを示しておきたい．

次の(10)に出てくる記号「イ」と「ロ」を，ある"言語"の"単語"であることにし，各行に示す記号の列のそれぞれを，その"言語"の"文"だということにしよう．

(10) 　　　　　イイ
　　　　　　　ロロ
　　　　　　イロロイ
　　　　　　ロイイロ
　　　　ロロイロロイロロ
　　　　………………………………

これらの"文"の特徴は，「ちょうど真ん中で切ると，左右が互いに鏡に映したような順序関係になっている」という点にある．こういう"文"は無限にあるわけで(そのことを(10)では……で表してある)，このほかに，イロロイイロロイ，イイイイロロイイイイなどもこの"言語"の"文"に属する．一方，イロハハロイはこの"言語"の単語以外のものが用いられているからこの"言語"の"文"には属さないし，イロイロとかロロイロロイなどはこの"言語"の"文法"に違反している(左右が鏡像関係でない)ので，やはりこの"言語"の"文"ではない．この"個別言語"を定義するには，(11)を提示すればよい．

(11)　1.　単語　イとロのみから成る
　　　2.　文法　a.　この"言語"の"文"すべてから成る集合をMと呼ぶ
　　　　　　　　b.　イイ，ロロはMに属する(この"言語"の"文"である)
　　　　　　　　c.　Mに属する"文"の左右にイをそれぞれ一つ加えたものはMに属し，また，Mに属する"文"の左右にロをそれぞれ一つ加えたものもMに属する
　　　3.　条件　1および2によって定義される以外の記号列はMに属さない

(11)によって定義されているものは，もちろん本物の個別言語ではないし，(10)に例示したものも本当の文ではない．しかし，(9)に示したように「単語と文法規則のすべてを提示する」ことによって定義されうるという点に関する限り，個別言語は(11)で定義される"言語"に等しいのである．よって日本語，英語，中国語，アラビア語など，個別言語はすべて，基本的には(11)と同じ方法で定義されうる．

さて，ここで少し問題があることに気付く．我々は誰しも，しゃべっているときに言い間違いをすることがある．「時計をポケットに…」と言おうとして「＊ポケイ」（＊は逸脱した語・文などを示す）などと日本語にない「単語」を発明してしまったり，「汗が目に入った」のつもりで「＊汗に目が入った」とやってしまうのがその例である．後者の場合，言った本人も聞き手も誤りに気付かず伝達が成功してしまうことさえある．失語症（本叢書第10巻第3章参照）の患者は，「時計」を常時「＊ポケイ」と言ったり，「＊汗で目を入った」などのような言い方をしたりする．ただし，言い間違いにも一定の規則がある．日本語の使い手は「時計」を[＊ptkei]などという，日本語の単語を形成する音の結びつけの規則に反するやり方で言い違えることはないし，どう間違っても「＊が汗に目入った」というような語順を使ってしまうことはない．このことを考えあわせると，健常者・失語症患者のいずれが犯すにせよ，これらの言い間違いを日本語から排除してしまうというのは間違いではないか，という見方が出てきても不思議ではない．この見方からすれば，個別言語とは，(9)から導かれる集合だけでなしに，

(12) その言語を用いて伝達を行おうとする人が実際に発する発話のすべてから成る集合

ということになる．

個別言語というものを，(9)つまり(11)と基本的に同種の定義によって導かれるものと見るか，それとも(12)に示されたものと見るかは，言語というものを厳密に定義された体系として捉えるか，伝達のために供される道具として捉えるか，の差にかかわっている．どちらを選択するかは個々人の言語観，言語への取り組み方によって決まってくるのである．

1.3 なぜ人間には言語が備わっているのか

(a) 系統としての言語獲得

　神様が人間を作ったとか，天から降りてきた神様の子孫が人間であると信じていた昔の人々にとっては，「どうして人間には言語が備わっているのか」というような疑問は無縁であった．つまり，言語とは神様から授かったか引き継いだかしたものと考えられたからである．それならばなぜ世界にはいろいろ異なった言語があるのか，という疑問も，キリスト教の方では「バベルの塔」の話で，またアフリカ，インド，中央アメリカの一部でもその地に伝わる類似の説話で，説明がついた．つまり，人間が不遜にも天に届くような大建造物を建てようとしたので，神がこれを罰するために人間の言語を分裂させてしまったというのである．

　しかしこうした「言語神授説」をとらない人々もやはり大昔からいたし，ことに近代になって進化論が現れてからは，人類がいつ，どのようにして言語を獲得したかが多くの人の興味を惹くようになった．ただ，最初のうちは，動物の鳴き声などの自然音を真似したのが言語の起源であるとか，共同作業をする際の掛け声がことばの始まりであるとか，強い感情の発露としての叫び声がもとであるとするような，証拠力に乏しい諸説が現れ，「ワンワン説」「ヨッコラショ説」「プープー説」などの嘲笑的なあだ名をつけられるにとどまった．1866年のパリ言語学会では，以後言語の起源に関する発表を禁ずるという決定がなされたほどである．

　現代では，考古学，解剖学，霊長類学などに基づく，より信頼度の高い研究がなされている．言語が使えるためには，大ざっぱに言って**音声器官**の発達と脳の発達が必須の条件である．音声器官とは，口，鼻，咽頭，喉頭（日常のことばでは咽頭・喉頭を合わせて「のど」と呼んでいる）そして喉頭から下に続く気管，気管支，肺を指す．チンパンジーが人間言語を使えるようになるかどうかについての実験的研究は1930年代から始まっており，現在も続いている．その成果に対する評価はまちまちであるが，一つはっきりしていることは，初期に行われた，彼らに人間の「音声言語」をしゃべらせようとする試みは完全

な失敗に終わったということだ．これはチンパンジーの諸器官が人間のそれと同じ音声を出す機能を持っていないことに起因する．唇の動きや舌の構造，歯の生え方も人とチンパンジーでは異なるが，一番重要なのは喉頭の位置の差である(図1.2)．喉頭とはいわゆる「のどぼとけ」のことで，思春期以降の男性では突出しているのですぐわかるし，女性や思春期以前の男児の場合も首の真ん中を指先で上から下へなでていくといくぶん硬い出っ張りに出会うのでそれと知れる．チンパンジーなど類人猿の喉頭は我々のそれに比べ，ずっと高い(舌の根に近い)位置にある．

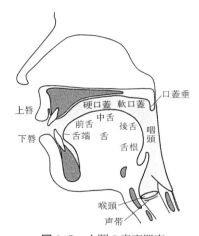

図1.2　人間の音声器官

　300万〜100万年前の猿人の喉頭はほぼ類人猿のそれと同じ位置にあった．喉頭がこのような位置にあると，肺から送られてきた息は，ほぼ鼻のみから出て口へはまわらない．我々現生人の言語にも，mやnのように鼻から息を出して作る音，つまり**鼻音**が含まれているが，それはむしろ少数派で，大部分の言語音は口から息を出して発する**口音**である．このことから，猿人には我々のような言語音は発音できなかったと推定される．旧人類であるネアンデルタール人(6万〜2万5000年前に生存，20万年前とする説もある)になると，喉頭の位置は猿人のそれと我々のそれの中間の位置になる．したがって口音もある程度発音できるようになったはずだが，まだ下降が充分でない喉頭のおかげで，口の奥の方を使うk, g, u, oなどは発音不可能だったと想像される．我々の直

接の祖先であるクロマニョン人(3万年ほど前に出現)に至って,その音声器官は我々のそれと同じものになった.

さて,進化はたいていの場合代償を伴う.直立二足歩行はヒト科が遂げた一大進化なわけだが,その代わりに人類は胃下垂,椎間板ヘルニア,痔,難産などの不利益を,全員がではないにせよ,被ることになった.喉頭が下がったことによって,我々は食べ物や飲み物が食道でなしに気管の方に入ってしまう誤嚥(ごえん)という危険を覚悟しなければならなくなった.ときおりむせる程度なら大したことではないが,老人などでは命に関わることさえある.それにもかかわらず人類が喉頭の下降という進化を選択したのは,音声言語による伝達能力から得られる利便が,誤嚥の危険を補ってはるかに余りあったからにほかならない.

次に脳の発達を見てみよう.音声器官があっても,それに指示を与える機能が脳になければ音声器官を働かせることはできない.また,1.1節で述べたような,複雑な階層的構造を持ち,超越性,創造性などの特徴を持った文を作り出すには,そうした能力を持った脳が必要である.よく知られているように,脳の中ではさまざまな分業が行われている.言語を司っている領域は,ほとんどすべての人の場合,脳の左半球,つまり左脳にある.右手の働きを支配しているのも左脳である.一方,左手を働かせているのは逆に右脳である.このように,脳の働きがどちらかの半球に局在していることを,脳の**一側化**(いっそくか)と言うが,この一側化がすでに20万年前に起こっていたと推定される根拠がある.この時期の遺跡から発見される石器の形状を観察すると,これらの石器を製造者たち(猿人とも,それより進化した原人とも目されている)は,左手に材料となる石を持って回転させながら,右手で金槌や鑿(のみ)に相当する石をつかんで左手の石に打ちつけつつ小型石器を作っていたと考えられるからである.それと同時に,こうした石器に,1.1節で見た階層的構造が観察できることから,言語は20万年前に生まれたという説を唱える人もある.だが,一側化は,サルは言うに及ばずネズミや鳥の脳にも見られる現象であるし,音声器官の発達状況を考えあわせると,この説はにわかには信じがたい.

では脳の大きさはどうか.確かに我々の脳(平均1350〜1400グラム)はゴリラのそれの約3倍の重さを持っているし,1000グラム以下の脳は精神発達遅滞と結びついていることが多い.原人の脳は我々のそれより小さかったが,旧人

類のネアンデルタール人になると我々のそれに引けを取らない大きさの脳を持っていたと推定される．だがどのみち絶対的な重さで比べれば，我々の脳はゾウやクジラなど大型獣のそれにはとうていかなわない．体重との比率でいけばどうかというと，人間の 1:38 に対してスズメが 1:34，ハツカネズミが 1:28 と，これまた人間の知能の高さを説明する根拠とはならない．結局人間の知能の高さを説明するものは，脳細胞の数が多いこと，細胞同士がからみあって複雑な経路を作っていて機能の分業体制が進んでいること，特に前頭葉，側頭葉と呼ばれる部分が発達していて，意欲，記憶，推論，総合的判断などに秀でていること，と言えるだろう．

ただ，これだけでは人類の一般的知能の高さの説明にはなっても，なぜ人は言語を持つのかの謎解きにはならない．人間の脳には他の動物には見られない特殊な細胞が備わっている，というようなことでもあれば別だが，そのような細胞は存在しない．ただ，錐体細胞というピラミッド型の細胞（これはほかの動物にもある）が人間では特に大型化して，しかも上に述べた言語を司る領域（**言語野**）に限って存在するという事実が近年発見され，これが人間が言語を持っている要因の一つであろうとする仮説を生んでいる．

以上述べたことからは，人間がいつ，どのようにして言語を獲得したかに関する詳細な答は得られない．実のところ，この問題についてはわからないことの方がわかっていることよりはるかに多いのである．ただ一つ確かなことは，言語とは，人間という種が自らの存続を確保するために（より正確には「利己的な遺伝子[†]」がその永続を図るために）適応・選択を重ねつつ脳と音声器官を進化させてきた過程の産物であるという事実であろう．

ついでながら，人間がノイローゼや躁鬱症に罹るのも，言語，特にその超越性ゆえである，という説をなす人がある．確かに，過去を悔やんだり，未来を憂えたり，他人にことばでだまされたり，ということがなければ，人間もノイローゼその他と無縁でいられるかもしれない．この説が正しければ，精神疾患は言語の獲得という進化がもたらした代償と言えることになる．

(b) 個体としての言語獲得

人類が，系統としていかに言語を獲得してきたかについては，おぼろげながらその輪郭がつかめた．では，我々現生人の新生児が，ことばらしきものを発

せず，また理解しない(かに見える)にもかかわらず，特に教示や矯正，テストなどを受けることなしに，数年後には母語を獲得してしまうのはなぜだろうか．

1930〜40年代から1950年代の後半に至るまでの，構造言語学† 全盛の言語学界では，個体による言語獲得とは，いわば人間の脳の外にある事象を観察・分類し，その中に法則を見出して，やがてそれを頭脳の中に習慣として取り入れていく過程である，とする見方が支配的であった．こうした見方は古くから存在し，初期キリスト教界最大の神学者・哲学者であった聖アウグスティヌスでさえ，その著『告白』の中で，自分が年少者であったころを回顧し，「年長者が発する音と彼らが指し示したり握ったりした物とを関連づけることにより言語を修得した」と主張している(あるものが指さされたからといって，その色，形，大きさなどのうち何が示されているのか，また，そのものを「持ってこい」とか「片づけよ」という命令が下されているのか否か，知りようがないはずなのだが)．現代でも多くの人はこうした考え方を漠然とながら抱いているようだ．たとえば，ごく普通の人に，「我々日本人はどうして教え込まれたり，間違いを正されたり，試験で鍛えられもせずに，いつの間にか日本語が使えるようになるのだろう？」という問いを発してみたとする．答はおそらく，「それは不思議でも何でもない．生まれ落ちたときから周囲で大人が日本語を使っているのだから，それを聞いて真似をしているうちに覚え込んでしまうからだ」といったものになるであろう．しかしこの答は明らかに間違っている．

我々はすでに，個別言語を用いて作りうる文の数は無限であることを知った．無限のものを「覚え込む」ことは不可能である．また，単に「真似をして覚え込む」のであれば，「汗が目に入った」も「*汗に目が入った」も同等のものとして獲得されてしまうはずだが，実際には我々は前者がまともな文であり，後者がそうでないという知識を獲得する．また，上には触れなかったが，「周囲の大人」による発話の中には，言い間違いだけでなく，話し始めたものの相手が途中で了解してしまったために，あるいは不意に邪魔が入ったために完結されなかった文や，文を発している途中に注意の対象がそれてしまって前後の一貫性が失われたもの(例：「この理論の重要性は，人が真面目に話をしている最中に大あくびをするとは，それにしても今日は蒸し暑いな」など)が含まれる．これらが単純に模倣によって覚え込まれたならば，やはりまともな文との区別がつくはずはない．

1　言語とは何か

一般に言語獲得期の幼児が，真似に終始するどころか，大人による矯正に「抵抗」さえすることが，次の対話などからもうかがえる．

(13)　幼児：(今日幼稚園で)先生が赤ちゃんウサギを抱っきしてたんでみんなでイイコイイコしたの．
　　　母親：あらそう．先生が赤ちゃんウサギを抱っこしてたのね．
　　　幼児：うん．
　　　母親：先生が何をしてたんでしたっけ？
　　　幼児：赤ちゃんウサギを抱っきしてたの．
　　　母親：ぎゅっと抱っこしたの？
　　　幼児：違う．そおっと抱っきしたんだよ．
　　　Child: My teacher holded the baby rabbits and we patted them.
　　　Mother: Did you say your teacher held the baby rabbits?
　　　Child: Yes.
　　　Mother: What did you say she did?
　　　Child: She holded the baby rabbits and we patted them.
　　　Mother: Did you say she held them tightly?
　　　Child: No, she holded them loosely.
　　　　　　　　(G. Yule, *The Study of Language*, 1985, p.142 より)

母親は幼児に，hold の正しい過去形 held を使わせようとしきりに誘導しているのだが，幼児は自分の「発明」した 'holded' という形にあくまで固執しているさまが注目に値する．

　さらに決定的な事実がある．人は言語獲得期だけでなく，誰でも言い間違いをするが，その間違いは，論理的には起こってもおかしくない間違いのうちのごく一部にすぎないという点だ．たとえば(14)はまず起こり得ない誤りである．（「まず」という留保条件を付けたのは，ものごとが「絶対にあり得ない」ことを証明するのは理論的に不可能だからだ．読者はウルトラマンの存在を信じていないと思われるが，ウルトラマンの非存在を証明する科学的手だてはない．ただ，(14)についてほぼ確実に言えることは，かりにこれが言い間違いとして発せられても，「*汗に目が入った」の場合と違って，本人にも聞き手にも気付かれずに終わってしまう可能性はないことだ．)

(14)　*お父さんはお母さんを走った．

1.3 なぜ人間には言語が備わっているのか

「真似をしているうちに覚え込んでしまう」という"常識的"な見方や、それにいくぶんの学問的装飾をほどこした観のある構造言語学的な言語獲得理論の誤りを正し、言語学に「革命」をもたらしたのが Noam Chomsky を創始者とする**生成文法**(generative grammar, 第 6 巻参照)である．Chomsky によれば，人間には生まれながらにして**言語機能**(language faculty)が備わっている．言語機能は**普遍文法**(universal grammar)とも呼ばれ，複数の**原理**(principles)と**媒介変数**(parameters)から成り立っている．原理と媒介変数は，人間言語はいかなるものであり得，いかなるものであり得ないかを律している．1.1 節の終わりに触れたような，「平叙文の語順をちょうど逆にすると対応する否定文になる」ような特徴や，「文の第三要素は必ず形容詞である」ような性格を持った言語があり得ないのは，普遍文法の持つ原理や媒介変数と相容れないからであり，(14)が成立しないのは，個別文法の立場からすれば「自動詞を誤って他動詞のように使ったゆえ」であるわけだが，より一般的には，普遍文法中の「θ 基準」という原理に違反しているためである(θ 基準とは何であるかは第 6 巻に詳述されているが，ここでは「普遍文法を構成している原理の一つ」という理解だけで十分である)．

この考え方に立てば，個体による言語獲得はもはや「脳の外にあるものを脳の中に取り入れる」過程ではあり得ない．いわば人間は生まれながらにして脳の中に言語を持っているわけであり，「周囲の大人が話すことば」は言語獲得の手がかりを与えるにすぎない．つまり，幼児が，周囲の大人が話すことばを手がかりに，原理と媒介変数によって定義される「可能な人間言語」のうち，その言語がどの言語であるかを判定していくのが言語獲得という過程であることになる．たとえば日本語と英語とでは，目的語が先か(「熊を・殺した」)，動詞が先か(「killed・a bear」)という違いがあるが，この差は，媒介変数のうちの[主要部(この場合動詞)が先・主要部が後]という二つの値のどちらがその言語で選択されているかを判定することによって幼児の頭の中に定着する．もちろん，単語の音形(ある動物をイヌと呼ぶか dog と言うか)などは脳の外から取り入れる必要があるが，そのようなことはごく周縁的なことがらである．

このようにして，個体としての人間はみな，自分の頭脳の中に生まれながらに存在する普遍文法に照らして自分の母語となる言語がどのようなものであるかを見極める過程を主軸とし，それに単語の音形のような周縁的知識を取り入

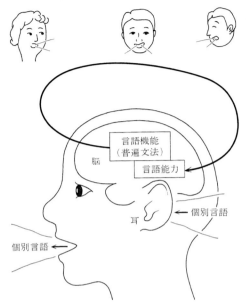

図1.3 言語機能と言語能力

れることによって，その言語に関する**言語能力**(linguistic competence)を獲得する．これが生成文法の立場から見た「個体による言語獲得」である．（なおChomskyは，人間が進化の過程で，いかにして言語機能，すなわち普遍文法を得るに至ったかについて，その原因を**創発的進化**(emergent evolution)に帰している．創発†的進化とは，上記1.3節(a)で述べた進化過程とは異なり，適応や選択によっては説明不可能な，すなわち，その前段階からは予知不能な発展を指す．このことは，Chomskyが伝達というものを言語の第一義的機能と見なしていないことと深い関わりを持つ．くわしくは第6巻および第10巻参照．）

　母語の獲得には**臨界期**†(critical period)が存在するらしいことを付け加えておく必要があろう．ある一定年齢を過ぎると「自然な」獲得は困難になる．異常性格の父親に一切の音声から遮断されて育てられたアメリカのある少女は，13歳のときに保護されて以降，さまざまな訓練を受けたにもかかわらず，健常な言語獲得は達成し得なかった．成人してから学習する外国語がなかなか身に

つきにくいのも，学習者が臨界期を過ぎてしまっていることに大きく起因するものと考えられる．

さて，「言語機能」と「言語能力」は，その原語にそれぞれ faculty, competence という，意味の近い語が使われているため，ともすれば混同を招きやすい．ここで両者の差について念のため読者の確認を求めておきたい．言語機能とは，万人が等しく生まれながらにして持っている機能である．これに対して言語能力とは，言語機能に個別言語に関する能力を加えたものであると言える（図 1.3）．すなわち，幼児が言語機能を基盤に，自分が生まれ育つ言語共同体の中で周囲の大人が特定の個別言語（たとえば日本語）を使って話すことばを手がかりに，上記のとおり媒介変数の値を定めたり単語の音形を取り入れるなどしていくうちに，その個別言語に関する言語能力がその幼児の中で育ってゆく．ことばを換えれば，その個別言語がその幼児の母語になるわけである．たとえば我々日本人の中で日本語に関する言語能力を持たない人はゼロに等しいが，Tlingit というアメリカ先住民族の言語について言語能力を持つ日本人の数もまたゼロに近いであろう．逆に日本語についての言語能力を持たない人々は世界に何十億と存在する．しかし言語機能を持たない人間というのは（言語を司るべき脳の部分に決定的な欠陥を生得的に持つきわめてまれな場合は除いて），この世に一人もいないのである．言語機能が上述のとおり「普遍文法」という別名を持つゆえんである．

1.4　言語の定義 III：言語能力と言語運用

生成文法の言う「言語能力」とは，別名**言語知識**(linguistic knowledge) とも呼ばれ，実際に言語を用いて伝達を行う**言語運用**(linguistic performance) とは区別される．後者は，使い手の一般知識，判断力など，言語能力以外の認知体系とのからみ合いによって，ある意味ではより豊かなものになっている一方，注意力の移動などの生理的な要因により制限を受けている．同様に，現実の言語獲得は，一般知識その他の認知能力の獲得と並行し，それとのからみ合いのうちに進行するのであるが，生成文法の唱える「個体による言語獲得」とは，他の認知体系の獲得とは独立に進行する過程である．生成文法では，他の認知体系とは切り離された言語機能をよりどころとして，他の認知体系から独立し

た言語能力を獲得する，生身の人間とは異なった「抽象的・理想的人間」を前提にしているわけである．

そのような考え方は，現実から遊離した絵空事ではないか，という疑問が起こるかもしれない．だが，泥水やミネラルウォーターには観察されるが純粋の水には発見されない特質は H_2O の真の特質ではない．泥はもちろん，ミネラルも（たとえそれが人間の味覚や健康にとって有用であろうとも）H_2O の特質を探る上では不純物にほかならないのである．そこで生成文法では，

 (15) 言語機能を基盤として獲得された言語能力のみによって生み出されるもの

を I–言語（アイ）(internalized language，内在化された言語）と呼び，現実に観察される個別言語の文の総体を E–言語（イー）(externalized language，外在化された言語）と呼んで区別し（I, E をそれぞれ intensional, extensional の略と考えるべきだとする人々もいる），(15) に定義される I–言語こそが真の言語であり，したがって I–言語こそが言語学の研究対象であって，E–言語（これはまさしく上記 (9) あるいは (12) によって定義される「言語」である）は派生的な疑似現象にすぎないとする．ここに，常識とはいくぶんかけ離れた，しかし説得力を持つ第三の「言語の定義」がある．この定義が「説得力を持つ」と考えられるのは，繰り返しをいとわず言えば，つぎの点にある．脳があるからこそ言語機能があるのであり，言語機能があるからこそ言語能力が獲得されるのである．しかも，言語機能・言語能力というものは，脳全体が司っているのではなく，脳の機能の一部が受け持っているのだ．であるとすれば，言語を受け持つ機能とそれのみが生み出す純粋の産出物だけを取り上げて考究の対象とすることは，「言語とは何か」という問いへの答を探る上で最良の道の一つと考えられるからである．

このように言うと，生成文法があたかも「脳のことがわからなければ言語は解明されない・言語研究は脳生理学の進展を前提とする」と主張しているかのような誤解を招くかもしれない．事実はまったく異なる．第 6 巻に詳しく説かれているように，生成文法が探求し，提示しているのは，言語を支配し，それゆえ言語獲得を可能にしていると推定される，きわめて抽象的な諸原理とそれに関わる媒介変数，すなわち普遍文法である．脳の構造や脳生理学の知識を前提的に必要とするようなものでは決してない．むしろ逆に，普遍文法研究の成果こそが，脳生理学その他の脳科学 (brain sciences) に何を研究すべきかの指針

を与えるものである，とするのが生成文法の考え方なのである．

　もう一つ，あるいは読者の側にあるかもしれない誤解を解いておこう．これまで言語機能，すなわち普遍文法とは「原理と媒介変数から成るものである」という趣旨のことは述べたが，原理の具体例としては「θ 基準」のみを，しかも内容の説明なしに挙げたにとどまった．ここでも原理の詳細について触れることは紙数の関係で不可能だが，つぎのことだけは明らかにしておきたい．普遍文法は「言語的普遍」(linguistic universals) と呼ばれることもあるが，このようなことばからは，「いろいろな言語が持っている共通項」といったことが連想されがちである．このこと自身はあながち間違いとは言えないが，もし「共通項」という表現から，普遍文法の諸原理とは「世界に存在するあらゆる言語，あるいは可能な限り多数の言語の文その他を集めて分析し，その中から抽出された最大公約数的なもの」であるという捉え方をしていたならば，それはまったくの誤りであることを指摘しておきたい．我々はすでに，幼児がみな「周囲の人が実際に使っている発話」という，とうてい「お手本」とはなり得ない資料を手がかりにしながら母語に関する言語能力，つまりはその言語の正しい文とそうでないものを区別する力を得ることを知った．それは「感覚を通じて得られる経験的知識」から得られるものではあり得ず，人が「生まれながらに持っている知識」によるものである．この「生まれながらに持っている知識」こそが普遍文法の諸原理なのである．このことは 1.3 節 (b) に述べたことから明らかであるとも言えるが，あえてこの節で付言する次第である．

1.5　言語の自律性

　言語を (8) ないし (12) のように定義した場合，それは他の認知体系や脳の外にある「外界」と分かちがたく結びついている．しかし (15) として定義される言語は，他の認知体系や外界と切り離された「自律性」を持つ．

　Chomsky は，さまざまな著作の中で，言語機能ないし言語能力は**モジュール** (module) であると主張している．モジュールとは，他の体系と無関係ではないにせよ，他の体系から独立した，自律性を持つ存在である．Chomsky は，非専門家を対象とする講演・著作では言語自体のモジュール性を説き，専門家を対象としているときは言語あるいは普遍文法内部の原理や部門といったわ

ば「下位モジュール」を中心に据える傾向がある．その真意がどこにあるにせよ，言語が自律性を持つことを主張している点には変わりがない．

　言語が持つ自律性はいくつかの面から証拠立てることができる．まず，生まれつき盲である人々は「視覚」という認知体系から切り離されているわけだが，晴眼者に比べて言語獲得が遅れるなどということはない．「見る」とか「眺める」などの視覚に関する語彙も，色彩に関する語彙も，支障なく獲得する．聾の人々は聴覚という認知体系から切り離されているにもかかわらず，この人々が使う「手話」は，1.8節に述べるとおり，構造の上で音声言語にほぼ等しいし，手話獲得の過程も音声言語のそれときわめて類似している．盲，聾，かつ啞である人，つまり手で物体や他人の顔，のど，手に触れるなどのことが唯一の感覚からの入力である人々さえ，立派に言語獲得をする．ヘレン・ケラー女史を想起すべきである．つまり，言語機能を触発するための入力は，視覚，聴覚，触覚という認知体系のいずれを通じたものであっても同じように作用するものと見てよく，言語機能はいずれの場合も脳の同じ箇所に局在していると目されるのだ．

　次の証拠は，**障語症**(dysphasia)と呼ばれる先天的な言語障害である．言語障害の中には，生まれつき聴力が不自由であることに由来しているものや，他の認知能力の障害や精神発達遅滞と結びついているものもあるし，いったんは言語を獲得しながらも，脳血栓や外傷などによって脳に損傷を受け，そのため発話や発話理解に後天的支障を来すに至る**失語症**(aphasis)などがあるが，障語症はそれらのいずれとも異なっており，「特異性言語障害」(specific language impairment)と呼ばれたり，また遺伝的要素が関連していると見られることから「家族性言語障害」(familial language impairment)とも名付けられている．

　障語症に悩む人は，聴力や他の認知能力は正常である．中には医師，弁護士などの知的職業に就いている人もあるという．ところが，言語能力に関しては，その少なくともある側面に発達遅滞が見られる．イギリスのある家系を3代にわたって調査した結果，30名中の16名が動詞の活用や名詞の数の一致などについて困難が見られた．いわば，日本人の中学生で英語が不得意な子供が犯すような，*They wash the car yesterday. とか，*these cat などに類する誤りを常時犯すのである．興味深いことに，この人々は wash–washed–washed などの規則変化ができない一方，go–went–gone などの不規則変化は正しく使えると

1.5 言語の自律性

いう．また日本人の場合，健常者と障語症と見られる子供とを対象に
　　そのお婆さんは毎日梅干しを食べます．
　　昨日もお婆さんは梅干しを[　　　]
のような文の[　]内に適切な活用形を持つ語を入れさせるテストをしたところ，健常者は全員正解，障語症の子供は大いに困難を感じたという．障語症の原因は脳の機能障害にあると見られるが，詳しいことはまだわかっていない．ただ，脳には外側溝（シルヴィウス溝）という溝があるが，障語症の人々の脳を調べたところ，外側溝の周辺で著しい左右の非対称性が見られたという報告がある．

　言語能力の自律性を示すもう一つの証拠は，言語以外の認知能力には異常があるにもかかわらず，言語能力は正常である人々の存在である．こうした人々の中には，他の認知能力は明らかに発達遅滞を示しているのに，語彙力が非凡で，動物の名をあげるように言われると，イヌやネコなどの身近な動物の名だけでなく，一角獣（ユニコーン），ブロントザウルス，トド，ヤクなどの名を次々に口にし，誤文を訂正したり，未完成の文を完成させたりする作業は楽々とこなす人や，思春期後半でありながら，数の理解や操作，時間の概念，論理的思考，記憶力などの点では3歳児程度の能力しかないにもかかわらず，自分と同年齢の者の平均を超える言語能力を示した少女もいる．この少女の場合，単語を三つ連続して記憶するのも困難なほどであるのに，20語以上から成る文を自由に操れたのである．さらに興味深いのは，この少女は会話においては相手の意図をはかることができず，まとはずれの応答をすることが多かった点である．このことは，言語能力が伝達能力とも切り離されたものであることを示している．

　さらに最近では，他の認知能力はきわめて劣っていながら，16もの言語を操る青年に，ベルベル語（北アフリカで使用される言語の一つ）と，普遍文法の原理に反する側面を持たされた人工"言語"の獲得を試みさせ，健常者の獲得ぶりと比較する研究が行われた．青年は予測通りベルベル語を難なくマスターしたが，人工"言語"の方は駄目だった．健常者の人工"言語"獲得は青年の場合より高い成果を上げたが，これは青年には欠けている正常な他の認知能力のおかげで，健常者がこの"言語"をクイズのように扱ったゆえと考えられる．なお，この"言語"には健常者も見破れなかった「規則性」がいくつかあった．その一つは，どの文も3番目の単語に強調を示す要素が加えられていた点である．このような単純な規則性でさえ，それが普遍文法の原理に反しているため，対

象を言語と見なしている健常な被験者の注意さえ惹くに至らなかったのである．

以上はいずれも，言語機能ないし言語能力が，他の認知能力から独立した一つのモジュールであるとする説を裏付けるものである．

1.6 言語の意味

「言語は意味を持つ」というのは，あまりにも当たり前のことのように響くかもしれない．上記(11)で定義される"言語"が，本物の言語とは見なされない理由の一つは，(10)に列挙された"文"が意味を持たないことにあると言ってもよいくらいだからである．しかし，あらたまって「意味とは何か」と自問してみると，答は必ずしも容易でないことがわかる．

まず単語について考えよう．人は，ともすると「単語の意味とはその単語が指し示す対象である」という見方を抱きがちである．これは「犬」とか「富士山」などのような単語を考えている限りでは正しいようにも思えるが，「鵺」「一角獣」などの場合はどうか．そのような対象は実在しないのだから，これらの単語は意味を持たないことになってしまう．また，「赤い」「走る」などの単語については，それらが指し示す「対象」とはいったい何かが問題である．これに対して意味を「話し手が心の中に持つ概念」というように定義すれば，人が「鵺」「一角獣」「赤い」「走る」などの単語を使うとき，その人は何らかの「概念」を抱いているのであろうから，最初の見方よりはいくぶん正確になるようにも思える．しかし，それらの「概念」とは具体的にどのようなものか，と問われると明確な答は出しにくい．

そこで一歩進めて，たとえば「赤い」が意味するものは「「赤い」という表現で示される条件を満足するような個体の集合」，もっと大ざっぱに言えば「赤いものすべて」である，という定義の仕方をすれば話はもう少し明瞭になる．同様に「走る」の意味についても，概略「「走る」ものすべて」と定義すればよい．では「鵺」「一角獣」などの場合はどうか．一般に人間は常に現実の世界だけを思考の対象としているわけではない．したがって言語表現の意味を考える場合，現実の世界だけでなく，さまざまな**可能世界**(possible worlds)も視野に入れる必要がある(図1.4)．鵺は現実の世界には存在しないが，この怪鳥が存在する可能世界では，「頭がサル，胴がタヌキ，…」という概念を満足する

個体のすべてが「鵺」の意味ということになるわけである．同じように，「アメリカの現国王」という表現は現実の世界では指示対象を持たないが，アメリカが共和国でなく王国であるような可能世界ではまぎれもなく指示対象を，つまり意味を，持っている．単語の意味に関するより徹底した探求は第4巻にまかせることとして，次は文の意味について見てみよう．

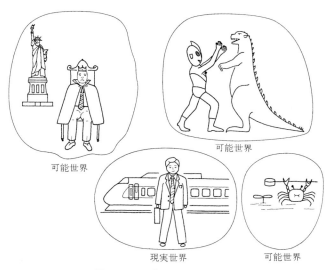

図 1.4　現実世界と可能世界

「太郎は野球が好きだ」という文の意味は何かと訊かれて，「それは英語で言えば "Taro likes baseball." の意味だよ」と答えたのでは単に言い換えをしたにすぎず，意味を定義したことにはならない．この文の意味はつぎのようにして得られる．まず「太郎」という名の個人がいること，「野球」という名の個体（この場合特定の競技）があることが想定され，つぎに「野球が好きだ」という表現を満足する個体すべてから成る集合を想定し，この集合に「太郎」が含まれるものと考える．つまり，一般的に言えば，ある文の意味とは「その文の内容を真であらしめるための必要十分条件」であることになる．誤解を生じないように言っておくと，そうした条件が実際に存在するかどうかは無関係である．かりに太郎という人が存在しなくても，また実在する太郎さんたちがすべて野球嫌いであっても，「太郎は野球が好きだ」という文の意味には何の変わりもない．この点で文の意味にも「可能世界」はかかわっているのであって，「アメ

リカの現国王は鶚と一角獣との戦いを見るのが好きだ」という文も立派に意味を持っているのである．

　文の意味についても，包括的な吟味はこれまた第4巻にゆずり，これ以降は，日常のことばで「文の意味」という場合，「意味」という語が，上に述べたような"意味"に加え，もう一つの"意味"で使われていることに注目したい．このことは次の(16)と(17)を比べることによって明らかとなる．

(16)　A：「太郎は野球が好きです」という文の意味を英語で言い換えてみなさい．
　　　B："Taro likes baseball."です．
(17)　A：君，その案の提出はもう少し待った方がいいよ．
　　　B：どういう意味だい？

(16)のA氏が使っている「意味」は，「文の言語形式を解読することによって得られる内容」を指している．この場合の「意味」を「言語的意味」と名付けておこう．これに対して(17)のB氏にはA氏の発した文の「言語的意味」は十分にわかっている．にもかかわらず「どういう意味だい？」と訊いているのは，A氏の「意図」を尋ねるためである．「まだ十分に練られていないから，もっと整理してから出せ」と言いたいのか，「良い案だが，今の社内の空気からすると十分理解を得られない恐れがある．まず根回しが必要だ」という趣旨なのかなどをB氏は知りたいわけだ．(17)のB氏の使い方での「意味」を「語用論(pragmatics)的意味」と呼んでおこう．

　実際に伝達を行う場面では，相手の言ったこと，つまり「発話」の言語的意味をつかめばそれで充分，という場合もないではないが，多くの場合はそれに加えて語用論的意味も把握する必要がある．たとえば，

(18)　A：今夜のコンパに出るかい？
　　　B：あした追試験なんだよ．

という対話によって，A君はB君がコンパに出ないのだと理解する．この理解はB君の発話の言語形式を解読するだけでは得られない．言語形式解読によって得られた情報と，「翌日に追試験を控えている学生は，それに備えて勉強をしなければならない．勉強をしなければならない時間にコンパに出ることは不可能である」という「常識」とを組み合わせて推論を行った結果，「B君はコンパを欠席する」という結論に達するのである．

1.6 言語の意味

　さらに，発話を正しく理解するには，発話の言語形式そのものが伝える情報を否定することによって語用論的意味を把握する必要がある場合さえある．つぎがその例だ．

(19)　A：太郎は古典文学に詳しいね．
　　　B：そうとも．<u>太郎は古典文学に詳しいよ</u>．『源氏物語』を書いたのは紫式部だってことさえ知ってるんだから．

Bの下線部は，Aの発話とほとんど言語形式が同じであり，したがって言語的意味も等しいと考えねばならない．しかしAは，Bがそれに続いて言っていること（小学生でも持っている知識が太郎にあることをこと新しく述べている）と下線部とをあわせて推論を行い，Bが実は下線部とは逆のこと（「太郎が古典文学に詳しいなどというのはばかばかしい思い違いだ」）を語用論的意味として伝えているのだと結論する．

　言語が，他の手段とは比較にならないほど有用な伝達の道具であることは言うまでもない．しかしこのことが，専門家を含めた多くの人に一つの錯覚を抱かせてしまった．つまり，伝達における発話解釈というものは，発話の言語形式の解読を中心とする過程であり，推論のようなものは，用いられるにしても副次的な役割しか果たさない，という錯覚である．上の(18)の解釈のうち，言語形式の解読で得られた「Bは明日追試験を受ける」という部分と，推論で得られた「Bは今夜のコンパに出ない」という部分を比べれば，後者が主要部分であることは明らかだろう．発話解釈の中で推論が果たす役割についての詳細は第7巻でご覧願うとして，ここでは推論に関する興味深い事実を一つ指摘しておきたい．それは，脳の中で言語を司るのが上記のとおり左脳であるのに対し，推論というものがむしろ右脳に大きく依存しているらしい，という知見である．

　右脳に何らかの障害を受けた人々は，「太郎は次郎より背が高い．次郎は三郎より背が高い．一番背の低いのは三人のうち誰か？」というたぐいの質問に答えられなかったり，「山田花子はペンとノートを持ってその野球選手に近づいた」「彼女は環境問題に関する有名人の見解についての記事を書いていたのである」という2文をこの順で与えられ，「花子は何をしようとしていたのか？」と問われると，「野球選手のサインをもらいに行った」と答える傾向が強い．健常者は二つの文をつないで「その野球選手の環境問題に関する見解を取材しに

行った」と答えるのだが，右脳に障害のある人は2文をつなげて推論を行うことができず，第1文のみから連想される状況が正答だと考えてしまったのである．またてんかんの治療のために左脳・右脳どちらかの側頭葉に摘出術を施された患者に，「雨が降ったなら，道路は乾いているはずだ」「雨が降った」という二つの前提から何が結論されるかを問うたところ，右脳に施術された患者は左脳を施術された患者よりも「道路は濡れているはずだ」と結論する率がかなり高かった．最初の前提は常識からいくぶん離れているが，これが正しい限り論理的結論は「道路は乾いているはずだ」である．右脳に施術された患者の多くは，この論理的推論を行うことができず，常識のみに頼った答を出したものと見られる．

1.7 人工言語

これまで考えてきた言語は，いずれもいわば「自然発生的に」生まれてきたものである．これらを**自然言語**(natural language)と呼ぶ．これに対して，ある目的のために言語が「意識的に作り上げられる」ことがある．このようにして作られた言語は**人工言語**(artificial language)と呼ばれる．

世界の言語がいろいろ異なっているため，さまざまな不便を生じている，人類共通の言語，つまり「国際補助言語」を創設したいという願いは昔からあった．17世紀以降提案された国際補助言語は数百におよぶと言われる．デカルト，ライプニッツなどの哲学者は自然言語から離れた哲学言語を提唱したが実用化には至らなかった．

19世紀以降に考案され，いくぶんなりとも実用化されたものは，いずれも自然言語を基礎にし，語形変化や文法規則を簡単化したものである．そうした言語のうち主なものを挙げると(⟨ ⟩内は原綴りと発表年)，ヴォラピューク⟨Volapük, 1879⟩，エスペラント⟨Esperanto, 1887⟩，イードウ⟨Ido, 1907⟩，ノウヴィアル⟨Novial, 1928⟩，インターリングヮ⟨Interlingua, 1951⟩などがある．これらは人工言語とは言いながらも，自然言語を基礎としているため，1.1節で挙げた自然言語の諸特徴を備えている．

この中で最も成功したものはポーランドの眼科医Zamenhofによって考案されたエスペラントであろう．現在この言語を用いる人は世界で数百万人に達

し，中にはこれを母語の一つとして修得した人もいると言い，これを公用語の一つとして認めている国際機関もある．ただ，基礎になっている自然言語が，上に名を挙げた他の人工言語と同じくヨーロッパの言語であるため，それらの言語が母語である人々と，異なった言語的背景を持つ人々(たとえば日本人)との間では，修得に難易の差が出てくることも事実であろう．28 個の字母で，1字1音の原則がある点は，綴りと発音の関係が複雑な英語などよりはやさしいと言えるが，定冠詞があることや単数・複数の区別があることは，たとえば日本語にはない特徴である．ただし定冠詞が1種類(la)しかないことはたとえばフランス語の場合よりやさしいし，単数・複数の区別があると言っても，名詞はどれも -o で終わり，その複数は必ず -oj で終わるというのは，多くのヨーロッパの言語の場合に比べて簡単である．一方，形容詞が名詞に数の上で一致しなければならない――inteligent*a* person*o* (知性ある人) に対して inteligent*aj* person*oj* (知性ある人々) ―― という点は英語国民にとってさえ煩雑なことであろう．

しかし総じて言えば，エスペラントはそれの基盤になっている自然言語より簡単化されているのは間違いない．それにもかかわらずこの言語は Zamenhof が念じたような真の世界語としての地位(たとえば国連での公用語となるなど)をいまだに獲得し得ていない．原因はいくつか考えられるが，少なくともその一つとして，たとえば非英語国民が英語，エスペラント語の一方だけを学習するとすれば，前者を選んだ方が一般的に実用面ではるかに有利であるという事情があげられよう．

17世紀にライプニッツなどが提唱した哲学言語の延長線上にあるのが現代の「記号論理学」であるといってよい．上記(11)を記号論理学の記号をまじえて書くと(20)のようになる．

(20)　1.　イイ∈M∧ロロ∈M

2.　(∀x)(x∈M→イ⌒x⌒イ∈M∧ロ⌒x⌒ロ∈M)

3.　Mには第1行と第2行によって生じた成員以外のなにものも含まれない

∈ は「～という集合の成員である」ことを示し，∧ は「そして」の意味である．つまり(20)の1は「イイは集合M(これが(10)に略式に示した無限集合であったことを思い出してほしい)の成員であり，そしてロロも集合Mの成員

である」を意味する．∀x は「すべての x について」を表し，→ は「その左辺が真ならば，右辺も真である」を意味し，⌒ はその左右にあるものがその順で連鎖をなしていることを意味する．つまり (20) の 2 は，「どんなもの (x) にせよ，そのすべてについて次のことが言える：もしそれ (x) が M の成員であるならば，それ (x) の左右にイをそれぞれ一つつなげたものも M の成員であり，そしてそれ (x) の左右にロをそれぞれ一つつなげたものも M の成員である」を意味している．

　記号論理学の記号を使うと，自然言語の文よりも簡潔な表現ができるだけではない．自然言語の文はしばしば 2 通り，あるいはそれ以上の意味に解される (つまり曖昧である) 場合があるが，論理記号による表現を使えばこうした意味の違いを正確に表現できる．たとえば英語の，

　(21)　　Everyone loves someone.

は，

　(22)　　誰にでも，自己の愛情の対象となっている人がいる．

　(23)　　みんなから愛されている人がいる．

の 2 通りの意味に解しうるが，これらはつぎのような異なる論理式で表される (厳密には x, y がいずれも人間であることを表記する必要があるが便宜上省略する)．

　(22′)　　$(\forall x)(\exists y)L(x, y)$

　(23′)　　$(\exists y)(\forall x)L(x, y)$

今度出てきた新しい表記法の ∃y というのは，「…であるような y が少なくとも一つ (一人) 存在する」を意味し，L(x, y) は「x は y を愛している」を表す．そうすると (22′) は「どの x についても，「x が y を愛している」が成り立つような y が存在する」，つまり (22) の意味を曖昧さなしに表し，(23′) は「すべての x が愛している y が (少なくとも一人) 存在する」，つまり (23) の意味を一義的に表現している．

　さて，コンピュータ言語も人工言語である．目的はコンピュータに命令を下して仕事をさせることにある．コンピュータが直接に理解するのは二進法に基づいた**機械語** (machine language) であるが，これを扱うのは普通の人々にとってはあまりにも煩わしい．そこで通常，BASIC, FORTRAN, LISP, PROLOG といった**高級言語** (high-level language) を用いてコンピュータへの命令を書く．

1.7 人工言語

この命令がいわゆるプログラム（ソース・プログラム）である．高級言語はプログラムを書くのに用いられるため，**プログラミング言語**（programming language）とも呼ばれる．コンピュータは高級言語をそのまま理解するわけではないから，これはコンパイラによって機械語に翻訳され，ここで初めてプログラムはコンピュータにとって実行可能なものになる．通常「コンピュータ言語」と言うときは，上に名前を挙げたような高級言語，つまりプログラミング言語を指す．コンピュータは人間ほど融通が利かない．「はっきりとはわからないが，たぶんこういうことだろう」というような理解の仕方はしないので，プログラムを構成する高級言語は自然言語のように曖昧であったり不確定（この語の意味はすぐ下で明らかになる）であったりしてはならない．

（なお，自然言語の文にしばしば曖昧性や不確定さが起こるのは，決して自然言語の欠点ではなく，むしろ利点であるとさえ言える．(21)が(22)，(23)のどちらの意味で用いられているかは，人間同士の実際の伝達においては多くの場合前後関係から明らかになるのであって，(21)やそれに類する曖昧文に関して，その複数の「読み」に対応する別々の構文が必要とされたならば，自然言語はきわめて煩雑な，使いにくいものとなるであろう．不確定さについても同様である．「電車の故障のため，遅れた学生がたくさんいた」という文には「どんな故障であったか」，「何に（授業か入試か卒業論文の提出か，など）遅れたのか」は明示されていないし，「たくさん」というのは本質的に不確定な表現である．しかし，故障の詳細はこうした文が発せられる状況では重要でなく，「何に遅れたか」は前後関係から明らかであり，「何名，あるいは学生中の何％」が遅れたかを正確に告げることは，報告書を書いたり統計を取ったりする場合を除けば不必要である．こうしたことがらをすべて明示的に述べることは，スムーズな伝達にとってはむしろ妨げになる．コンピュータが，自然言語の特徴である曖昧性や不確定さを持った文を前後関係や常識を利用して理解できるようになった暁にこそ，真の意味での「考える機械」が出現したと言えるだろう．）

簡単なプログラムを例にコンピュータ言語の特質を見ていこう．(24)は英語で書かれたある文学作品の中に「綴りが10字以上の単語がいくつ使われているか」を調べることを目的とする．

```
(24)  1:  COUNT = 0
      2:  WORD = "......"
```

```
        3:   IF (LEN(WORD) = 0) THEN PRINT "10 字以上の単語の総数は"
             COUNT "です":   GOTO 5
        4:   IF (LEN(WORD)>=10) THEN COUNT = COUNT + 1:   GOTO 2
        5:   END
```

　まず第一の特徴は，コンピュータ言語の"文"が非常に短いということである．「この作品の中に綴りが10字以上の単語がいくつあるか調べよ」は，自然言語の文としては別に長い方ではない．しかしコンピュータにとってはこのようにいろいろなことを一遍に命令されても理解できない．コンピュータに対する命令は，作業を一つ一つの段階に分けて下されねばならない．したがって文の長さは短く，文の数は多くなるのである．

　(24)1にある COUNT は「変数」と呼ばれるいわば単語であり，＝は左辺と右辺が等しいことを意味するのではなく，「左辺の変数に右辺の値を代入せよ」という指示である．(24)1の言っていることは「COUNT といういわば貯金箱ないし銀行通帳を0，つまり空にしておけ」という命令である．(24)2の WORD もやはり変数であるが，この行の右辺の ...... に代入されるのは数字ではなく，コンピュータがこの文学作品から読みとった単語，つまり文字列である．「数字じゃなくて文字列だよ」というしるしに引用符(" ")が付けてある．(コンピュータが作品の最初から単語を順次自力で読みとっていくといういわば約束が，コンピュータとその使用者の間で成立しているということをこの説明の前提と考えてほしい．)(24)2の趣旨は「読みとった文字列を WORD として扱い，3以下の指示に従え」とでもいうことになろう．

　(24)3の説明は便宜上後にまわし，(24)4について述べると，

```
           IF (LEN(WORD)>=10) THEN
```

の部分は「もし WORD の文字数が10以上だったら」を意味する．LEN は長さ (length) を表す「関数」である．$(22')(23')$ に出てきた $L(x, y)$ の L が「〜を愛する」という意味の述語だったことに合わせて，この LEN を「〜の長さ（文字数）を持つ」を意味する述語（動詞句，形容詞句など）と考えてもよい．>=と書いてあるのは ≧ のことで，コンピュータには ≧ というキーは通常ないため（ワープロソフトの「特殊記号」には含まれていても），>と=をつなげて代用しているわけである．COUNT=COUNT+1 は「いままでの COUNT の値に1を足したものを新しい COUNT の値とせよ」の趣旨で，コロンは「そして次に記すこと

を実行せよ」の意味である．GOTO は go to school などの go to にほかならないが，一つにまとめて指示用語にしたわけである．そこで(24)4 は全体として「その単語の文字数が 10 以上だったら COUNT の数を一つ増やし，再び 2 へ戻れ(そしてつぎの単語の文字数を数えよ)」を表す．

さて，この文学作品の最初の単語が inexplicable だったとしよう．これを読みとったコンピュータは(24)2 によって …… の部分にこの文字列を代入する．この文字列の文字数は 10 以上だから，(24)4 はこれに応じて COUNT の値を一つ増やす(もとの COUNT の値は 0 だったのだから，この段階で COUNT の値は 1 となる)．そして作業はまた(24)2 に戻る．次に読みとられ(24)2 の …… に代入される単語が feelings だったら，10 文字に満たないから，(24)4 は COUNT の値を増やすことなく(したがって COUNT の値は相変わらず 1 のまま)，作業は(24)2 へ戻る．今度の単語が preoccupied だったら，(24)4 は COUNT の値を一つ増やして(その結果 COUNT の値を 2 にして)，また(24)2 へ戻るようコンピュータに命ずる．こうしてコンピュータは文字数が 10 以上の単語に出会うたびに COUNT の値を一つずつ増やしていく．

ここで(24)3 の説明に移ろう．文学作品が終わってしまってもコンピュータが作業をやめないというのでは困る．このような事態を防ぎ，作業を終えたら 10 文字以上の語の総数をコンピュータから教えてもらえるようにするため設けられたのが(24)3 である．

   IF (LEN(WORD)=0) THEN

とは「長さゼロの単語がある，つまりもう単語がない，すなわち作品は終わったならば」を表す．そのあとの

   PRINT "10 字以上の単語の総数は" COUNT "です"：　GOTO 5

に従って，コンピュータは，もしそのときの COUNT の値が 987 ならば「10 字以上の単語の総数は 987 です」と打ち出し，(24)5 へ移ってそこの END という指示に従って作業を中止する．(24)3 はコンピュータ言語の文としてはずいぶん長いではないか，と考えられるかもしれないが，" " で囲んだ部分は単なる記号列であって，厳密な意味でのコンピュータ言語文ではない．つまりコンピュータはこの部分を理解して何かの作業をするわけではないのである．パソコンがうまく作動しないので「この役立たずのパソコンめ，ちゃんと働け」と入力したからといって，その文字列が画面に現れるだけでパソコンが指示に応じ

てうまく作動し始めるわけではないのと同じである．" "で囲んだ部分をやめて，ただ PRINT COUNT とだけ命ずれば，コンピュータは 987 だけを打ち出す．それで目的にかなうならそれでもよいのである．

　コンピュータが次々に単語を検索していくためのプログラム上の「約束」について詳しく述べる紙数はないし，またそうすることはここでの説明の目的でもない．ただ，「単語」とは何であるかの取り決めはそう簡単なものではないことだけ指摘しておこう．「単語」の原則的な「定義」は「左右にスペースがあり，それ自身の中にはスペースを持たない文字列」といったものになろうが，apple sauce などの複合語を 1 語として扱いたい場合や，逆に baby-sitter を 2 語に数えたい場合などはそれぞれ工夫を要するし，改行や，場面転換などを示す行開けなどを(24)3 が作品の終わりだと「勘違い」しないよう取りはからわねばならない．

　このようにコンピュータ言語は，コンピュータが（コンパイラを介して）理解できるように工夫されている一方，人間が使いやすいような形で考案されているものだから，基本的には自然言語に依拠しているものである（英語が中心的に使われているのはコンピュータ言語のほとんどが英語圏，主としてアメリカで開発されたものだからである）．コンピュータ言語も自然言語と同じように「単語」と「文法」を持っている．とはいえ，単語としては上記の変数，関数，IF, THEN, GOTO, END, =, + のほか，- や，論理学の方で言う「論理演算子」の AND（上記(20)では ∧ で表されている）や OR も使われるが，その数は自然言語の単語数とは比べものにならないほど少ない．文法も簡単であり，プログラミング言語の目的からして当然のことながら，構文としては基本的に自然言語の命令文に相当するものしかないと言ってさしつかえない．「平叙文」を用いて「このコンピュータはかなり高価だった」などと「叙述」されたり，「感嘆文」を使って「今日は何といい天気であろうか！」などと「感嘆」されても，コンピュータにはなんとも反応の仕様がないのである（「疑問文」は「…という問いに答えよ」という趣旨の命令文であると見なすことができる）．

1.8　手　　話

　手話を健聴者が使う身振りと同一視する人は今日では減ってきたものと思わ

れる．身振り(たとえば日本人であれば，左手に茶碗を持つ真似をし，箸に見立てた右手の指2本で食べ物を口へ運ぶふりをすることにより「食事」を表す)が伝えうることはごく具体的，かつ単純なことに限られている．これに対して手話は音声言語と同じように複雑かつ抽象的な情報の担い手として機能する．ということは，手話は1.1節で述べた言語の諸特徴のうち，(2)を除くすべてを備えており，これに加えて，聾の人々の間で自然発生したという点を考慮するとき，自然言語の一つであると言える．

　手話が明白な構造を示すことは，つぎの例から明らかである．図1.5はアメリカ手話言語(ASL)での「ありがとう」を表したものであるが，ここにはいろいろな「変数」の組み合わせが観察される．一つは「形状」であって，この場合，手は「平手」という形状をしている．この形状は「握った」手や，「水をすくうような」手の形状と区別される．つぎは「方向」であって，この図の手のひらが「上向き」であることは「下向き」その他の手の向け方とは別の解釈を受ける．第三の変数は「位置」であり，「ありがとう」の場合の位置は，まず顎の付近，ついで腰の高さのところ，である．第四の変数は「動き」であって，この図では体から離れて下へ向かうという動きが示される．こうした変数のさまざまな組み合わせが異なる意味を表現するわけである．これはちょうど[k], [æ], [t]という三つの音が，組み合わせ次第でcat, act, tackという別々の語を形作る過程に相当する．また「食べる」のさまざまな相(aspect, 第5巻参照)である「食べてしまった」「食べているところだ」「これから食べようとしている」なども手の動きで区別される．

図1.5　アメリカ手話言語で表現した「ありがとう」

「手」話という用語からともすれば想像されがちなように，手と腕の動きだけが重要なのではない．顔の表情もだいじな働きをする．アメリカ手話言語の場合だと，疑問文を表すには眉を上げ，目が大きく開かれ頭がやや前方に傾けられ，日本手話の場合，「食べてしまった」のような「完了」を表すのに，手の動作が使われる場合もあるが，「パ」と言うときのような形を口で作ることもあるという．また，ある研究によれば，アメリカ手話言語の送り手が，

(25)　男・釣りをする・連続

という手の信号を送った際，手の動きにのみ注目していた健聴者が，これをThe man was fishing.（その男は釣りをしていた）という単なる進行形の文として理解していたのに対し，アメリカ手話言語に熟達していた人はこれを「その男はくつろいで楽しみつつ釣りをしていた」と理解したという．このとき送り手は，口を閉じて少し突き出し，頭をいくぶん傾けていた．この表情が「くつろいで」「楽しみつつ」という「副詞句」に相当していたらしい．手話において「顔の表情」（これには上に挙げた例のほか，視線の方向とかうなずき方なども含まれる）が果たす役割は今後の重要な研究課題である．

　このように手話は明確に自然言語と認められるものではあるのだが，実はこれまでいくつかの困難に直面してきたし，現在も直面している．一つは善意から来る手話への「抑圧」であった．つまり，手話に熟達してしまうと，聾の人々が自分たちだけの世界に閉じこもってしまい，一般社会から離れた存在になってしまうのではないかという危惧であった．このため，アメリカの聾教育では手話を排除した「口頭法」という手法が長いこと用いられ続けた．聾の子供たちにもなんとか英語の発音をマスターさせ，読唇術を身につけて音声言語の理解を可能にさせようとする方法である．これの成功率は発音に関して10％，読唇術については4％であったとされる．日本においても事情は似ており，現在でも聾学校での教育は，口の動きを観察させたり，補聴器を使うなどして，なんとか音声による教育を行おうとしており，聾学校教師の中にも手話ができない人は少なくないという．また聾児の親たちもわが子には手話でなく「普通の」日本語を身につけることを望む場合が多いとされる．

　もう一つの困難点は，聾児が手話を獲得する過程にある．両親が聾であるという聾児は，日本の場合（他国でも事情はほぼ同様らしいが）全体の10％で，残りの90％の聾児の親は健聴者である．前者の場合はちょうど健聴な幼児が健

1.8 手話

聴な両親の話すことばを手がかりに音声言語を獲得するのと同じプロセスで手話を獲得するが，後者では，両親がわが子が聾ないし重度の難聴であることに気付くのが遅れることもあって，聾学校に入って初めて手話に接するという場合が多くなる．しかも上述のとおり聾学校では手話教育をしていないのがほとんどだ．いきおい，後者のタイプの聾児は前者のタイプ，つまり両親が聾である聾児とか手話にある程度熟達した上級生を通じて手話を獲得することになる（親やその他の大人を通じてではなく，子供から子供へ伝承されることが多いという点で，手話は自然言語の中でも他にない特徴を持っているわけだ）．聾学校の多くは寄宿制になっているので手話獲得の手がかりに接する密度が大きいのは救いであるが，聾学校に入学する6,7歳というのは臨界期ぎりぎりの年齢である．さらに臨界期を完全に過ぎてから，たとえば成年に達してから，後天的に聾になる人々もある．ということは，手話は，多くの人にとって，外国語のような獲得のされ方をすることを意味する．最近のアメリカの研究によれば，手話の運用技能については，両親が聾の聾児，6歳ぐらいで手話に接した聾児，成人してから学習した人々の三者の間で歴然たる相違が見られるという．

さらに，手話というものが非常に分化しやすいという事実がある．言語というものは本来変化するところに特徴を持つ．このことは，たとえば『古事記』の日本語，『枕草子』の日本語，『徒然草』の日本語，そして現代日本語を比べれば，あるいは現代日本語のさまざまな地域差を見れば明らかなことであるが，手話の場合はことに分化が著しい．同じ英語圏にありながら，アメリカ手話言語とイギリス手話言語とがまったく別の言語であることは両者の成立の過程が違うという事実で説明がつくが，アメリカ手話言語内部，あるいは日本の手話言語の内部だけ見ても，一定の地域だけに，あるいは1家族だけに，さらには仲の良い少数のグループにしか通用しない「方言」が数多く存在する．この事態をもたらしている原因は，聾の人々の社会が一般社会に属しながらも，その中の1区分を成している事実にも求められようが，最大の要因は手話の文字化が進んでいないという事情にあると思われる．アメリカ手話言語の文字化については，かつて「映画かビデオに撮る以外にない」と言った人がいるが，その当否はともかく，手話の文字化が現状では難しいのは確かである．

アメリカ手話言語による Can I borrow the book?（この本お借りできますか？）の文字化の試みとして(26)がある．

(26) $\overline{\text{ME BORROW BOOK}}^{q}$
　　　　私　　借りる　　本

ME BORROW BOOK の部分が手による信号の文字化であり，q が疑問文 (question) のしるしである．また (25) を同様の手法で文字化すれば

(27) $\overline{\text{MAN FISH CONTINUOUS}}^{mm}$

となる．mm が「くつろいで・楽しみつつ」に相当するわけだが，これはしょせんその場限りの記号にすぎない．ただこれは顔の表情その他が手話に貢献する仕方や度合いについての研究が進めばいずれ解決する問題であろう．自然言語としての手話 (顔の表情その他を含む) の研究，それに伴う手話の過度の分化への歯止めは，言語研究の課題としてはこれからじっくりと取り組めばよいことだが，「聾教育において手話をどのように位置づけるべきか」は，解決に急を要する言語政策・福祉政策上の問題である．

第 1 章のまとめ

1.1　言語とは，音声に基礎をおき，構造を持った記号体系であり，恣意性・超越性・創造性によって特徴づけられている．

1.2　個々の言語は，その言語の単語のすべてと文法規則のすべてを提示することによって定義され得る．ただ実際にそれを行うのは決して容易でない．

1.3　(a) 人類は，その音声器官が言語音声を発するのに適するよう発達し，かつ脳内の分業化が進んで言語野なる部分が出現したために言語を獲得したと目される．

　　　(b) 個体としてのヒトには生まれながらに言語機能が備わっており，これを基礎に自分が生育する環境で使われている個別言語についての言語能力を獲得する．

1.4　生成文法理論は，言語機能を基盤として獲得された言語能力のみによって生み出されたものを真の言語とみなし，言語運用によって生み出されるものは派生的な疑似現象であるとする．

1.5　言語機能ないし言語能力は他の認知体系から独立したモジュールを成している．これは他の認知体系に障害を持ちながら言語発達が正常である人々，他の認知体系に障害がないにもかかわらず言語能力に欠陥のある人々の存在によっ

て証拠立てられる．

1.6　単語の意味はそれが表現する条件を満足する個体の集合として，文の意味はその内容を真であらしめるための必要十分条件として，どちらの場合も可能世界を考慮に入れつつ，捉えることができる．なお，日常語としての「意味」という語は，言語的意味と語用論的意味のどちらの意味でも用いられる．

1.7　日本語，英語などの自然言語に対し，意識的に作られたものであるため人工言語と呼ばれる言語がある．エスペラントなどの国際補助言語，記号論理学における記号操作，コンピュータ言語などがその例である．

1.8　手話は音声表現を欠くという点を除けば他の自然言語の特徴をすべて備えており，単なる身振り・手振りなどと異なって，複雑かつ抽象的な伝達に用い得る．ただし聾教育の方針の不統一その他に起因するいくつかの問題を抱えている．

2
言語学のめざすもの

2 言語学のめざすもの

【本章の課題】

　言語学とは，言語に関する科学的研究であるといわれる．ここで問題となるのは，「言語」と「科学」である．言語とは何か，科学とは何かという問いに対する答によって，言語の科学としての言語学の具体的な内容は異なる．「言語」とは何かについては第1章で詳しく述べられた．言語学の対象として第1章で述べられた定義に基づく言語が想定されたのはつい最近のことである．言語に対するこのような理解がどのような形で生じてきたのかを見ることにしよう．

　本章では，**比較言語学**(comparative linguistics)，**構造言語学**(structural linguistics)，**生成文法**(generative grammar)という三つのアプローチを取り上げることにする．これらは，いずれも言語学を自然科学と同じ性質を持つものとして扱うことを標榜してきたからである．それまでの言語に対する哲学的，文学的態度を改めて，実証的に，客観的に言語現象を説明しようとする態度は，これらの三つのアプローチに共通するが，それらが対象としてきた「言語」はかなり異なるものであり，それにともなって，そこで使われている「科学」の内容についても多くの相違点がある．これらのアプローチにおいて，科学としての言語学が対象としてきた「言語」はどのようなものであるのか，また，言語学はどのような科学であるとされてきたのかを見ることにする．ここではこれらのアプローチの具体的な分析を紹介するよりも，そのような分析の背後にある前提を明示的に示すことにより，言語学の目指してきた方向性，これから目指すべき目標を設定することを意図した．

2.1 言語学・言語学者とは何でないか

　我々は，ふだんなんの問題もなく言語を話しているときは，言語の規則の存在を意識することはない．我々が言語の規則の存在に気づくのは，異分子の存在によって，自分が従っている規則性が意識化されるときである．外国人が話す日本語に違和感を覚えたり，世代の違う人たちの話す言葉や別の地域の人たちの話す方言に抵抗を感じたりしたときに，自分のふだん話している言葉との違いを意識する．この違和感が，自分の従っている規則の存在を証明するといえる．しかし，言語の規則性のうち，特別な訓練や操作なしで意識できるものは非常に限られている．我々が日常的に意識できる現象は，「見れる」と言うか「見られる」と言うべきか，といった地域差や個人差に関わるものや若者の流行り言葉などの，非常に個別的なもので，いっとき話題となっては消えさっていくものである．我々が無意識に従っている母語の規則性を体系的に意識することはない．

　一般の人のイメージでは，言語学は博言学であり，言語学者はさまざまな言語について博識を誇る学者たちである．この博識は，言葉の規範に対する調停に使われると考えられている．日本語や英語には正しい言葉づかいがあり，言葉の専門家はそのような言葉づかいを発見し，記録し，庇護していく存在として意識されている．言語学者は言葉の専門家としてそのような機能を果たすことを要請されている．しかし，ここで問題となっている正しい「日本語」や「英語」などという概念に，言語学的な意味はない．近代言語学において，このような調停者の役目を言語学，および言語学者が果たすことはない．

　「正しい日本語」「正しい英語」という概念は，「言語政策」に関わるものであって，「言語学」に関わる問題ではない．「正しさ」の意識の前提には，標準語のような万人が認めるモデルが存在する必要がある．このようなモデルはコミュニティが大きくなれば必ず必要とされる．コミュニケーションが成立するためには，個人が従う規則が他人のそれとかなりの程度一致しなければならない．少数のグループの内部で発生する隠語的な言語は，そのグループの内部でしか通用しないし，方言の場合も差異が大きくなれば通じない．これらの隠語や方言を話す話者が，その外部とコミュニケーションをとる場合には，外部の

方言を採用するか，双方をすりあわせて，人工的な中間言語を作り，それを採用せざるを得ない．共通語化，標準語化はこのような過程を経て起こるものであり，言語政策にかかわる．言語政策に言語学の知識は当然必要とされるであろうが，言語政策は言語学の一部ではない．

近代言語学は，このような規範意識から逃れ，客観的に観察され，規則化，一般化が可能な対象として，言語を捉え直すことから始まったといってよい．言語学は，比較言語学，構造言語学，生成文法という三つのアプローチにより近代化をとげた．比較言語学の成立により，それまで，規範や審美的な価値，あるいは哲学的な思弁によってしかとらえられなかった言語のなかに，客観的に，実証的にとらえることのできるものとして言語変化の規則・法則の概念が持ち込まれた．比較言語学では，唯一の説明は歴史的な説明であったが，F. de Saussure をはじめとする構造言語学者が**構造**と**体系**という概念を持ち込み，話し手・聞き手の頭の中の同時的な社会習慣のシステムとしての言語というとらえ方がなされる．

Saussure も，それとはほぼ独立して成立したアメリカ構造言語学も，言語を文化的・社会的なものとみなし，言語の獲得は社会習慣の獲得であるとした．これに対して N. Chomsky の創始した生成文法では，言語研究の対象は個人の心・脳の中に存在する文法知識，および，その知識を生み出す文法獲得装置，すなわち言語機能であるとした．

本章では，これらのアプローチが実際にどのように行われたかをごく簡単に紹介し，現在，言語学がおかれている状況を描き出すことを目的とする．言語学が厳密科学となりえるかどうかに対する一つの答を提示することが目標である．

2.2　比較言語学

言語変化の科学としての比較言語学の誕生とその方法論をごく入門的に概説する．比較言語学は 200 年近い歴史を持つ，非常に複雑な知識の体系であり，簡単に解説できるようなものではない．ここでは，多少正確さを犠牲にして単純化し，その方法論の論理構造が見えやすい形にして解説することにする（比較言語学の厳密な理解や，現代における発展を知るためには巻末の読書案内を

(a) 比較言語学の誕生

比較言語学の成立は 18 世紀の後半，英国の Jones 卿 (Sir William Jones) の王立アジア協会における講演がきっかけであるとされる．この講演の中で，Jones 卿は，古代サンスクリット語がギリシア語，ラテン語とおよそ偶然とは考えられないほど，細部にわたるまで類似しており，これは，すでに失われた共通の祖先から発展したものと考えざるを得ないことを主張した．

しかし，Jones 卿自身は可能性を示唆したにすぎず，具体的な研究を発表したわけではなかった．実際に，多くのインド・ヨーロッパの言語の比較が行われ，Jones 卿の予測を実証していくことで比較言語学が成立するのは 19 世紀に入ってからである．

(b) 比較言語学の方法

比較言語学は，言語を比較することによって言語の歴史的変化を説明するための方法である．Jones 卿の発見は，インド・ヨーロッパの言語の変化の研究方法，ひいては，言語変化の法則に関する新しい方向を示したといえる．つまり，相異なる言語が，その祖先となる同一の言語(祖語，proto language)から，歴史的な変化によって生じたとする考え方である．この前提によれば，二つの相異なる言語の祖先の形(祖形)は，その二つの言語の言語形式を比較することによって得ることができる．逆に，ある言語の現在の形は，その祖先から歴史的変化を受けることによって成立したと考えることができる．祖先を共通とする二つ以上の言語を比較することによって，その変化のあとを逆にたどり，すでに失われた祖先の形を復元することが可能になるという考え方である．

多少単純化した例で示そう．日本語の東京方言と沖縄の首里方言では次のような対応関係がある(服部(1971)による．一部表記を簡略化)．

(1)

東京	nori	uri	jari	hari	hokori
首里	nu'i	u'i	ja'i	haa'i	huku'i
	海苔	瓜	檜	針	ほこり

ここでは，a–a, u–u, o–u, ri–'i が完全に対応しており，意味も対応している．こ

れらは，もとは同じ単語であり，どちらかがもとの形から変化したと考えられる．ここでは，ri-'i の対応に着目してみよう．

東京方言がもとであれば，r の脱落が首里方言にあったことになり，首里方言がもとであれば，東京方言の方に r が挿入されたことになる．どちらが正しいだろうか．首里方言でも i の後では，東京方言の ri はそのまま ri で現れる．

(2)

東京	kiri	ciri	heri	irimuko
首里	ciri	ciri	hwiri	irimuuku
	霧	ちり	へり	入り婿

とすれば，東京方言がもとの形で，首里方言において i の後以外の音環境で ri → i という r 音の脱落があったと想定される．首里方言と東京方言の共通形式として，ri の形が設定できるわけである．首里方言から見ると，より古い形が復元できたことになる．

このような比較作業を通じて，文献にない，より古い言語の形を復元していく作業(この作業を**再構**(再建ともいう) reconstruction という)が，比較言語学の主な手法である**比較法**(comparative method)である．

再構が可能となるためにはいくつかの問題が解決されなければならない．比較法には，比較されるべき二つの言語が同じ祖形からの歴史的変化であるという前提を必要とする．この前提は論理の一部に循環論を含む可能性を秘めている．つまり，二つの言語を同じ祖語からの変化と見るためには，これら二つの言語はすでに同系であるという前提が必要になるからである．比較言語学は，この循環論を抜け出すためのいくつかの方法を持っている．以下ではまず，比較法がいかなる基礎に基づいているかを見てみよう．

(c) 比較法の基礎

比較法は，言語記号の**恣意性**をその基礎にしている(本巻第 1 章参照)．言語記号が恣意的であれば，異なる 2 言語の間では，音形式とそれが表す意味の組み合わせは異なることが原則となる．もし，二つの言語間で，ある意味と音形式との組み合わせが同じであるか，あるいは，類似しているとすると，これには基本的に次の三つの可能性しかない．

(i) まったくの偶然

（ⅱ）借用
（ⅲ）同じ語形式からの歴史的な変化

たとえば，アラビア語では「聞き手」を anta といい，英語では「名前」を name というが，これらが日本語の「あんた」「なまえ」と似たような音形式・意味であるのは偶然にすぎない．有限の音で有限の対象を命名すれば，似たような意味・音形式の単語があるのは当然である．この場合の類似は偶然なので，散発的で，孤立したものにすぎない．

しかし，言語間で体系的な類似がある場合でも，体系的な借用である可能性がある．たとえば，日本語には，過去に中国語からの非常に体系的な借用があった．また，韓国語でも同様に，中国語からの体系的な借用があった．とすれば，中国語，日本語，韓国語の間で，中国語系単語，すなわち漢語で体系的な一致があるのはこのためである．

偶然と借用の可能性が排除できれば，二つの言語間での対応する音と意味の組み合わせは，共通する祖先の言語におけるある仮定された語形式（これを**再構形** reconstructed form と呼ぶ）からの歴史的変化の結果として考えられる．東京方言と首里方言の一致は偶然とは考えられないし，借用の可能性も低い．

ある二つの言語が同系であると見なされた場合，その規則的な対応関係を生じさせた原因のモデルとして，「再構形＋変化の連鎖」が想定される．このような方法は，普通の科学理論の方法と基本的には変わらない．これらの再構形と変化の連鎖は，対応関係という現象に対する説明として与えられている．この意味で比較言語学は，言語の変化に関する科学的説明を目指したものといえる．

比較作業は，普通は，まず音の類似と意味の類似が確実な例により対応規則を発見し，その規則の応用として意味の類似が明確でないものを扱うという順序で行われる．たとえば，服部四郎によれば，首里方言の mu'i は「岡」「山」を表し，東京方言の「森」とは意味が対応しない．しかし，首里の mu, 'i に対しては，東京の mo, ri がそれぞれ対応し，これらの形式の音韻対応が完全に成り立つため，同系語とみなすことが可能である．これは，音韻対応を確立してから，その応用として意味の違う語を同源として扱ったわけであるが，この反対の操作をすれば，当然，確実性は減る．

比較法は，比較される言語が同系であることが前提となるために，その可能性がまだ確実視されていない言語においては，危険性をともなう．たとえば，

まだ同系であることが示されていない日本語と朝鮮語を直接比較して，似たような単語対を多く集めてみても，偶然，あるいは体系的な借用の可能性を排除できない．十分古い形を設定しても，そこで生じるゆれが拡大するのは避けがたいといえるだろう．この場合，再構形から日本語，韓国語の形式を導き出すための歴史的な変化が，自然な形で設定できないことを意味する．

(d) 比較言語学の限界

以上見た比較言語学の方法は，科学的方法としての基準を満たしているだろうか．比較言語学では言語変化に関するモデルを立て，それが予測する現象を説明する．その際の，客観性，再現可能性は，保証されているといえるだろう．しかし，いくつかの点で，比較法は不確定性を含む．

音韻対応は，変化が斉一的であるという前提を含む．すなわち，音韻の変化がその音韻が現れるすべての単語に同時に起きるということが前提に含まれている．この前提は，微視的にみれば正しくない．変化は，個々の単語において起き，順次他の単語に広がっていった可能性がある．現在，「ら抜き」言葉†と呼ばれている動詞活用の類推による単純化が起こっているが，これは，単語によって，また人によってゆれる．「食べれる」と言う人が「閉めれる」と言うとは限らないわけである．また，ガ行音の鼻濁音化†がなくなる地域，年代，単語もさまざまに異なり，変化がいっせいに起こっているという事実はない．

インド・ヨーロッパの諸言語は，活用体系が複雑なため，音韻対応という手法が確立するまえから，同系であることが確実視された．Jones 卿や F. Bopp のような初期の学者は，厳密な音韻対応規則をもとに彼らの予測をしたわけではなかった．ところが，日本語のような助詞や助動詞の独立性が高い**膠着型**の言語では，助詞や助動詞などの文法的な要素も借用や地域的な特徴となりえ，周りの言語に伝播する可能性が排除できない．したがって，助詞，助動詞，活用などの形態における一致がある程度見られたとしても，同系語とみなせるとは限らないわけである．となると，音韻対応規則を立てて，同系を証明する方法を取らざるを得ず，これは首里方言と東京方言のように対応が非常にはっきりしている場合以外は，音韻的差異も，意味的差異も大きく，恣意的な比較が増える．つまり，まだ同系と証明されていない 2 言語間で，同系であることを示すために音韻対応規則を立てることになるのである．設定された対応が複雑

であればあるほど，その確実度は減る．日本語の系統論が非確定的なのはこれが理由である．

最後に，比較言語学の問題点として言語変化の説明理論がまだ提出されていないことが挙げられる．言語変化は，基本的には自然法則的なものではなく，一回的，偶生的なもので，いわば歴史的事実にすぎないかもしれない．とすれば，音韻対応と再構形はその歴史的事実の記録にしかすぎないことになる．

(e) 比較言語学と構造言語学

再構形は，対応関係の単なる記録のための帰納的一般化で，なんら実在性を主張するものではないという主張があった．対応による再構形は，そのもとになった材料，資料の性質を異にするため，再構されたそれぞれの形が，同じ時代の一つの言語の記述ではない可能性がある．たとえば，サンスクリットは，子音についてはインド・ヨーロッパ祖語の古い形を残しているが，母音は変化したものと考えられている．ギリシア語，ラテン語などにみられる /e, a, o/ の区別がサンスクリットでは /a/ に合一しているからである．とすると，子音の再構形はサンスクリットをもとにして，他の言語のほうが変化したものとし，母音の再構形はギリシア語，ラテン語をもとにして，サンスクリットで変化するという形になる．この二つの再構形が同じ時代のインド・ヨーロッパ祖語の形であるという保証はどこにもない．したがって，再構形を単なる対応のまとめとして考え，ある一時代の祖語の状態とは考えない，という主張にももっともなものがある．

しかし，再構形をある時代の祖語の体系とすることには非常に意味があることを Saussure が示した．たとえば，Saussure は，インド・ヨーロッパ語の母音の交替現象の例外と見えるものに対し，より以前の均一な体系からの変化とみなして純理論的な予測を行った（以下の説明は，Jeffers & Lehiste (1979) に基づく）．

再構されたインド・ヨーロッパ祖語においては，動詞語幹の音節核音（子音と子音に挟まれた音）は，e と共鳴音 R（すなわち i, u, r, l, m, n）からなる．動詞の活用形は，語幹が母音をそのまま保つもの(**一般階梯**，normal grade)と，母音が消えるもの(**ゼロ階梯**，zero grade)がある．母音が消える場合は，さらに子音が続くときは共鳴音は母音的になり音節核音になってよい（音節核音にな

った共鳴音は，下に「.」をつけて示す．また・は語幹の境目を，*は比較法により再構された文献以前の形を表す）．

(3)

インド・ヨーロッパ祖語	サンスクリット		
一般階梯/ゼロ階梯	一般階梯	ゼロ階梯	ゼロ階梯+子音
	一人称・単数・完了 直説法・能動	一人称・単数 直説法・中動	過去分詞
*bher/bhr〜bhr̥（運ぶ）	ba·bha·ra	ba·bhr·e	bhr̥·ta
*ǵem/ǵm〜gm̥（行く）	ja·gam·a	ja·gm·e	ga·ta(<gm̥ta)
*mei̯/mi〜mi（なおす）	mi·may·a	mi·my·e	mi·ta

しかし，この交替の例外がある．そこでは共鳴音は現れず，母音は ē, ā, ō という長母音である．しかも，ふつう母音が消えるべきところ（ゼロ階梯）に，母音のəとして再構される音が現れる．この母音は，サンスクリットでは i，ギリシア語では e, a, o として現れることがわかっている．

(4)

一般階梯/ゼロ階梯	一人称・単数・直説法・能動		受動分詞	
	サンスクリット	ギリシア	サンスクリット	ギリシア
*dhē/dhə（置く）	da·dhā·mi	ti·thē·mi	hi·ta	the·to
*stā/stə（立つ）	ti·sthā·mi	hi·stā·mi	sthi·ta	sta·to
*dō/də（与える）	da·dā·mi	di·dō·mi	di·ta	do·ta

この不規則性を説明するために Saussure は，次のような仮説を出した．一般階梯とゼロ階梯は，次のように対応する．

(5)

一般階梯	ゼロ階梯
e	φ
ei	i
eu	u
er	r
el	l
em	m
en	n

2.2 比較言語学

ゼロ階梯の一番上の行φ(音形のない要素)に *ə があったと仮定すると，対応する一般階梯は *e+ə になる．この形が長母音に変化したとすれば，(*eə>ē)，ē〜ə という新しい階梯の対応ができる．上のギリシア語，サンスクリットは，この形を反映していると考えられる．すなわち，この変化が起きる前の段階では，これらの交替はまったく規則的であったことになる．

このやり方は，比較言語学のもう一つの方法である**内的再構**(internal reconstruction)という手法を用いている．それは，言語間の比較によるのではなく，一つの言語における不規則的な分布から，より以前の形を再構するものである．この方法は，言語の不規則で非体系的な部分は，より体系的な形を持っていた祖先からの歴史的変化であるという前提に基づいている．Saussure はギリシア語やサンスクリットにおける母音交替の分布の不規則性から，祖語のより規則的な体系を予測したわけである．

この仮説は，資料の単なる分類として再構形を考える立場からは存在し得ないものである．Saussure のこの理論的な予測は，ヒッタイト語の発見により，予測された位置に ə に対応する音が設定できることが判明し，実証されることとなった．

つまり，再構形は，現象を説明するための理論的な仮説であり，歴史的な発見などの証拠により実証されると考えるべきなのである．もし，再構された祖語の構造が，同時代の体系を示さないために言語学的に見て人間の言語として不適切なものと見られるならば，その再構形は不完全なものとみなさざるを得ないことになる．この予測と実証はまったく普通の科学理論のそれに近いものとみることができるであろう．

ここにいたって，言語学の唯一の説明は歴史的な説明であるとする旧来の比較言語学的見方から，言語を体系とする見方が生まれる．

比較言語学は言語変化に関する科学として，現在も非常に重要なものである．実際の分析においては，書誌学，文献学，歴史資料の解読などの人文学的な知識や文字の解読など補助的な技術を含む多くの総合的な知識を必要とする．しかし比較法と変化の説明の理論は，仮説とその実証に関わる基本的な科学的手法を用いるものである．最近では，生成文法の成果をとりいれて，ここで述べたものとはかなり違った説明をしている．

2.3 構造言語学

(a) 言語の体系性の発見

比較言語学による言語の説明は歴史的な説明に限られていた．しかし我々が言葉を話せるのは，その歴史を知っているからではない．我々は，普通，過去の言語の状態についての知識など持っていないからである．とすれば，同時代に生きる我々の言語知識は，歴史的に構成されるべきではなく，同時代的に構成されるべきである．このような，同時代的な言語のとらえ方を，Saussure は**共時論**(synchronique)と名づけた．これに対して歴史的な言語のとらえ方を**通時論**(diachronique)と呼んだ．ここで重要なのは，共時論における言語のあり方，音韻，文法は，個別の要素の寄せ集めではなく，ある閉じたシステムをなし，システムの中で占める位置によってその価値を与えられるとするものである．ここで言語は，共時的なシステムとして捉えられる．共時論におけるある言語のシステムの総体を Saussure は**ラング**(langue)と呼んだ．ラングは抽象的な体系で，それが実際に話されて具現したものを**パロール**(parole)と呼んで区別した．

歴史的変化は，基本的に個別の単語に起こる．これに対し，共時論では，必ず複数の事項の対立が問題となる．たとえば，ドイツ語の古い形では，名詞に i をつけて複数形を作ることがあった．fōt+i のごとくである．次の時代にこの i は前の母音の音を変え fēt+i にする．そして母音を長音化して消え去る．これで現在の foot の複数形 feet ができる．すなわち，ある時代では i の有無，別の時代では ō と ī という 2 項の対立が単数・複数という区別に対応している．このとき，母音の変化と i の脱落は，この単数・複数の対立を生じさせるために起こったわけではない．Saussure は，このように，通時論的変化とそれが共時論的体系にもたらす変化とは独立していることを示し，共時論の規則と通時論の規則が独立していることを主張した．ここにおいて，区別のシステムである共時論的体系，すなわちラングを言語研究の主たる対象とすることを提案したのである．

(b) 構造言語学の方法

　基本的に，各言語の音韻体系は対立，すなわち区別のシステムである．音韻の対立とは，ある形式を別の形式と区別することができることを意味する．たとえば，韓国語の阻害音(obstruent, l, m, n などの共鳴音を除いた子音のこと)の体系と日本語の阻害音体系を比較してみよう(cの行は [tʃ] のような音，kk の列は一つの音を表す)．

(6)

	韓国語		日本語	
k	k^h	kk	k	g
t	t^h	tt	t	d
p	p^h	pp	p	b
c	c^h	cc		
s		ss	s	z

日本語では，有声音と無声音が単語の区別を担っており，有声と無声とは対立する．これに対して韓国語では，有声と無声は対立しない．そのかわり，子音の閉鎖から，それに続けて母音の発声のために声門を震わせはじめるまでの長さにより三つの段階を区別する．一番長い場合(k^h の列)は，閉鎖を離してから母音を発声するまでに息が出る．短い場合(kk の列)はほとんど息が出ず，喉が詰まった感じの音になる．そして普通に離した場合(k の列)の3種である．日本語の場合は，最初から声門を震えさすか(有声音)，閉鎖を離してから震えさすか(無声音)の二つの区別である．この両言語の二つの対立の仕方は，実際に聞こえる音から来る印象とはちがって，それほど異なったものではない．どちらも，子音の閉鎖・解放から，母音を発声するための声門の震えまでの時間(VOT, voice onset time)をどのように区別するかに関わる区別である．

　以上のように日本語と韓国語の阻害音は，ラングとしてのシステムが異なっている．同じ音であっても，日本語と韓国語とでは解釈が異なる．音の区別のシステムが両言語で異なるわけである．たとえば，日本語では「パン」の初頭のpの音を，pで発音しても p^h で発音しても同じようにパンを表す．これに対して韓国語では，pan は「半」「班」，p^han は「板」「版」で両者は別の単語となる．

また，日本語の「ちゃ」の音は /t+ya/ と分析される．日本語の /y/ は，後ろ舌の母音 /a, u, o/ としか結びつかない．したがって，いわゆる t の拗音は，/ちゃ，ちゅ，ちょ/ の三つしかなく，/ち/ はタ行音で，拗音の系列には入らず，/ちぇ/ は感動詞や外来語にしか現れない．これに対して韓国語では，c はすべての母音と結びつき，一つの独立した音の単位である．
　ここで対立する音の単位を**音素**(phoneme)と呼ぶと，音素は対立する音特徴（弁別特徴）の束として定義でき，次の手法で取り出すことができる．

(7)　a.　同じ環境で対立する音は別の音素に属する．
　　　b.　相補う環境にある音で，音声的類似を有する音は同じ音素に属する．
　　　c.　同じ環境で対立しない音は同じ音素に属する．

韓国語では，有声音と無声音は対立しない．たとえば，[pa] と [ba] は，韓国語では別の単語になることはないのである．これは，次のような同化規則により，阻害音が有声音の後で有声化してしまうからである（矢印は音の変化を表し，/以下は変化のための音環境を表す）．

(8)　p, t, k, c → b, d, g, j ／有声＿＿＿

したがって，韓国語においては無声阻害音とそれに対応する有声阻害音は現れる環境を異にし，同じ環境に現れることはない．これを**相補分布**(complementary distribution)するという．同じ環境に現れなければ対立はせず，したがって意味の区別をすることはできない．一方，日本語では，p, p^h はいわば文体的な変異形で，強く言いたいときは気息的になるし，そうでなければ気息が弱くなる．どちらにせよ，同じ単語を発音していることになる．同じ環境に現れるが意味の区別を担わないわけである．これを**自由変異**(free variation)と言う．これに対して韓国語では，気息のあるなしは同一環境で対立するので，p と p^h は別の音素となる．

(c)　構造主義における体系の習得

　構造主義では，上のような体系はどのような形で習得されると考えられていただろうか．構造主義，特にアメリカ構造主義においては，観察された現象からの帰納としての理論しか許されなかった．上の音素の定義は，音素とその環境による実現という形で述べられている．このような手法は，得られるべき情報はすべて，直接観察できる現象から，一定の機械的手順によって得ることが

できるという前提のもとに採用されている．

では，実際に表面的な音の連続を，隣接する環境のみを利用して，音素の連続に変換することが可能であろうか．これが可能であれば，機械的な手順で音素を設定することが可能になり，子どもがデータの分類と整理によって音素体系を身につけるということも原理的には可能になるだろう．

しかし，これは実際には不可能であることが Chomsky (1964) によって示されている．たとえば，Chomsky の挙げた次のような例を見てみよう．英語では，有声子音が後ろに続くと母音が長くなる．したがって，ride の [ay] の母音は write のそれより多少長い．この長いほうの母音を [a.] で表そう．この母音の具現化規則は (9) のように表せる．

(9)　a → a. ／＿＿＿有声音

また，よく知られているように，英語のある方言では強勢母音と強勢のない母音や母音的共鳴音の間で t が有声の歯茎弾き音 D になり，d と区別できなくなる．この具現化規則は (10) のようになる．

(10)　[t, d] → D ／強勢母音＿＿＿無強勢の母音的共鳴音

さて，このときに人の動作を動作主にする -er という接辞をつけてみる．すると，(9)(10) はこの順序でかかり，次のような形になる (# は語の境界を表す)．

	rayt#r	rayd#r
(9)	rayt#r	ra.yd#r
(10)	rayD#r	ra.yD#r

(7) の音素の定義では，[a] と [a.] が write, ride では同じ音素 /a/ の環境による異音となり，writer, rider では対立する別の音素となってしまう．ここでは，単に (9) と (10) という二つの同化現象が関わっているだけであることは明らかであるから，音素の定義自体に問題があるとしなければならない．

ある現象が，複数の独立した要因により生じている上の例のような場合には，観察できる表面的な現象から帰納的一般化によって音素という単位を取り出すことは不可能であるし，音素という単位自体が言語学的に有意味な単位であるかどうも疑わしい．つまり，構造主義における音素という単位は，音素とその具現形がまったく他の要因と相互干渉を起こすことなく成立しているという，フィクションの上に成り立つものであることがわかるのである．

以上のような考慮から，現在，構造言語学は，まったく方法論的に間違ったものとして否定的に語られることが多い．特に，観察された対象の帰納的な一般化のみが理論であるとするアメリカ構造言語学は，科学理論としてはかなりいびつなものといわざるをえない．これはアメリカ構造言語学が，行動主義的な心理学と結びついて，人間の外部行動の観察のみに，研究対象を絞ってしまったこと，人間の作る文の創造的な面を説明するのに**類推**(特定の観察された型の単純な拡張)という装置しか持たなかったことなどがあげられる．

この方法論的な問題点は，アメリカ構造主義の経験主義的，帰納主義的なアプローチに起因するといってよい．研究の対象を観察される対象に限り，そこからの帰納的な一般化しか認めないやり方に問題があったわけである．これは第1章で述べた Chomsky の現在の用語でいうと，研究の対象を E-言語にしぼって，それからの単純で機械的な帰納のみによって一般化をしようとしたところに無理があったといえる．

2.4　生 成 文 法

第1章および 2.2 節，2.3 節をふまえて，言語の科学的アプローチとしての生成文法を現在の立場から概説する．ここで問題にしたいのは，Chomsky のアプローチのうちどの部分が基本的な方法論上のテーゼで，どの部分が経験的な選択に関わるものなのかである．

(a)　生成文法の研究対象

生成文法の歴史と発展についての詳しい記述は本叢書第6巻を参照していただきたいが，本節では，Chomsky の創始した生成文法が科学としての言語学にもたらした革命の本質について述べたい．

生成文法とそれまでの言語研究のもっとも大きな違いは，「言語」の捉え方である．生成文法の研究対象は「言語」ではなく，**文法**である．Chomsky は，「言語」というのは随伴現象であるとまでいいきっている．ここでいう文法とは，ある言語の話者個人が持っているその言語の構造に関する知識の総体である．同時に，言語学者がこの知識に関して提出した仮説としての体系も文法と呼ばれる．両者を区別する場合は，前者を I-言語と呼ぶ場合もある(この場合

のIは internalized 内在化された，intensional 内包的に定義された，individual 個人の，の省略形である）．生成文法は I–言語の明示化されたモデルである．

　ここで言語学者が構成する I–言語のモデルも文法と呼ぶのは理由がある．それは基本的には，生成文法において，文法という規則体系の存在する場所についての認識に関わる．構造主義では言語の体系・構造は言語を使用している社会にあり，それが習慣化されることによって，人の行動・反応に現れるとしていた．すなわち，言語の構造は，それが使用される文脈において十分現れており，子どもはそれらを観察し，帰納的に一般化するだけで，言語の規則を習得できると考えていた．

　これに対して第 1 章で述べられたように，生成文法では，言語研究の対象は，個人の脳・心の中に存在する文法および，それを生物学的必然として生じさせた言語機能である．

　文法は個人の脳内に存在する心的状態であり，したがって，それに関する仮説は，正しいか間違っているかを問えるものでなければならない．すなわち，言語学者の提出する仮説は，個人の脳内に存在する I–言語を正しく反映したものでなければならないのである．ここで正しいというのは，言語現象を正確に記述し，話し手の言語直観を反映していることであり，言語獲得に関する事実，歴史変化，その他必要なデータが過不足なく説明できることを意味する．さらに重要なことは，子どもが，限定されたデータから，この正しい文法を獲得できるものでなければならない．

　生成文法のもっとも重要なテーゼは，方法論上の「自然主義」(naturalism) である．ここでいう「自然」とは，「自然科学」における「自然」である．自然科学は「自然」を対象としてその摂理を求めるような真理追究の営みである．物理学に代表される自然科学は，明示的で比較的少数の公理系からの演繹体系により自然現象に対して深い説明を与えることを目標とする．これと同じ方法を言語学に対しても取ろうとするのが方法論的自然主義であると見ることができる．すなわち，人間の言語機能が自然の一部ならば自然に対して成功した方法により深い説明が与えられるという方法論的想定のもとで，研究をすすめるのである．実際に，生成文法が自然科学に吸収されるのか，それとも，生成文法自体が自然科学の発展に貢献し，それと統合されるのかは分からない．（詳しくは Chomsky (1994) および黒田 (1999) 参照．）

以下では，現在の視点から，生成文法の理論の前提とその実践とを簡単に解説する．ここで述べる生成文法はChomskyの理論である．他の理論の具体的な内容や，分析は第5巻第4章を参照していただきたい．また，生成文法の具体的な分析例や最近の理論的発展の歴史は第6巻に述べられているのでそちらを参照していただきたい．

(b)　文法知識の性質

　生成文法によれば，言語理論の対象とすべきは，E–言語ではなく，それを生じさせている心的文法であるI–言語である．たとえば，先ほどの音声表示に関する例でいえば，我々の頭の中の辞書にあるのは ra.yDr, rayDr ではなく，rayd+r, rayt+r という抽象的表示である．言語学者が研究すべきは，この心的表示がどのようなものか，そしてどのように実際の音声表示と結びついているかである．このように研究の対象を考えれば，当然，正しい分析をつねに導いてくれる機械的手順は存在しない．仮説を立てて現象を説明するという普通の方法しかないのである．

　また，文の構造についても同様である．構造主義では，文構造の規則は単純な例の分節により得られ，複雑な文はそれからの類推により獲得されるとしていた．これは，研究対象をE–言語として，その分類と発見の手順により学習すると考えることの当然の帰結である．文の構造においても，観察と経験的な一般化，単純な類推では，正しい一般化が得られないことを以下に示す．

(c)　言語機能の生得性とメタ理論

　　生成文法とは，形式的にいうと，一つの言語のすべての正常な発話を記述し，定義し，または，生成するところの叙述，規則，もしくは公理の集合体のことである．生成文法の理論とは，そのような文法に許されている叙述がどのような形をしていなければならないかを決定し，かつその言語の一定のデータに関するいろいろな記述のうちでどれがもっとも優れているかを選定するための一連の抽象的な条件のことをいう．　　(Halle 1962)

　このM. Halleの生成文法の定義はいまでも通用する．訂正すべきは，生成されるのが，「一つの言語の正常な発話」ではなく，I–言語であることである．ここで「記述のうちでどれがもっとも優れているかを選定するための一連の抽

象的条件」という部分がなぜ必要なのだろうか．理論を評価するメタ的尺度としては，一般的な形として，簡潔度，完全性などがあげられる．これらは科学理論一般に当てはまる，理論の評価に関するメタ的な理論の特徴である．他の科学理論の分野では，理論の評価はメタ理論として，理論そのものからは区別されるのが普通である．しかし，初期の生成文法理論における評価基準は多少異質である．このような評価基準を理論内部に組み込まれたものとし，理論の一部として見ていたからである．

　生成文法理論がこのような評価基準を理論の一部として組み入れていたのは，文法が幼児により獲得されるものであるからである．上に述べたように言語が自然のものである限り，データと矛盾しない複数の分析のうち，基本的にはどれかが正しく，他は間違っている．文法は，データの単なるまとめとしての役割を果たすのではなく，脳内に表示されている実在の神経回路のモデルであることを目指すからである．

　第1章で，人間の言語は「音声に基礎を持つ，超越的で，恣意的で，創造的な記号のシステム」とされた．この定義は，基本的に構造言語学でなされたものである．生成文法では，このシステムの重要な部分は言語機能として生得的であるという．具体的にどのような部分が生得的であるのだろうか．一つの例として「人間の言語の規則は構造依存的である」という制約をあげることができる．つまり，言語の規則は，単語の平板な順序でなく，文の階層的な構造をもとに作られるのである．この制約が言語機能に属し，帰納的手段によって子どもが発見しているのではないことを示そう．

　たとえば，英語の yes/no 疑問文を作る方法を見てみる（より詳しい議論と文献は第6巻第1章参照）．構造言語学者が仮定したように，子どもがデータを見てそれから規則を抽出すると考えよう．ありそうな想定として，子どもがまず聞くのが単純な be 動詞の疑問文(11b)のようなものだとしよう．

　(**11**)　　a.　John is handsome.
　　　　　　b.　Is John handsome?

この文と対応する肯定文(11a)を突き合わせると，仮説1ができる．

　［仮説1］　平叙文の2番目の要素をいちばん前に出せ．

これは，(12)で反証されてしまう．

　(**12**)　　a.　The man is in the room.

b. Is the man in the room?

そこで，これも説明できる規則として仮説2を出すことにする．

［仮説2］　文を単語に区切って，最初に出てくる is を前置しろ．

この規則は類推により，will you be in the room? とか，are you in the room? とか，いろいろ拡張できそうで有望である．そのような例に対しては，is を「are, may, will などの同類の語」と拡張すればよい．

しかし，単語の配列によってのみ定義されるこの規則はすぐに破綻する．次のような関係節を含む文では成り立たないからである（is のもとあった位置を t で示す）．

(**13**)　a. The man who is tall is in the room.
　　　b. Is the man who is tall t in the room?
　　　c. Is the man who t tall is in the room?

そこで，この規則は次のように書けることになる．

［仮説3］　平叙文を句に分析し，最初の名詞句の次の is あるいは助動詞を文頭に持ってくる．

この「主語・助動詞倒置」の規則を述べるには，文が［名詞句 助動詞 動詞句］という階層的な構造に分析できることが前提となる．さて，もし子どもが構造言語学者のように，なんの偏見もなくデータを分析していくとすると，実際のデータと突き合わせたときに初めて，仮説の修正が行われるはずである．このとき，仮説2よりもより複雑な仮説3のほうが呈示されるとか，(11)(12)のデータを見て，仮説3を先に思いつくということはありそうもない．とすると，関係節を含む文では当然(13c)のような間違いをするはずである．しかし，子どもは，関係節が理解できる段階になると正しく(13b)の疑問文を作る．子どもは多くの間違いをするが，(13c)のような間違いは決してしない（この点に関する心理学的実験に関しては Pinker (1994), Crain & Nakayama (1986) 参照）．

以上のことは，構造言語学者が考えたように，子どもは白紙の状態で，データを操作することで一定の手順で正しい規則に到達するというのは，不可能であることを示している．実際に，構造言語学者がそれほど分析において間違わなかったのは，無意識的に「構造依存的」な規則を優先するように心がけていたからにすぎない．子どもに正しく仮説3の規則を選ばせているもの，つまり

「規則は「構造依存的」であるとする予測」は，子どもがデータに接する前から持っている生物学的資質，すなわち，言語機能の一部をなすと考えられる．「構造依存性」を人間の言語の定義として付け加えたのはこういう理由である．

科学者としての言語学者は，獲得された I–言語と子どもが接するデータの差を計って，Halle のいうように，どのような規則が価値が高いかに関する抽象的な基準を理論自体に組み込まないといけないのである．これは，結局，人間の言語機能に関する理論である．

(14)　子どもの言語獲得モデル

　　　　データ→言語機能→ I–言語（文法）

もうひとつ例を見てみよう．

(15)　a.　Who did you believe [the claim [that John liked t]] ?
　　　b.　Who did you buy [the book [that interested t]] ?
　　　c.　Who do you believe [that John liked t] ?

これは，J. Ross (1967) の発見した，複合名詞句（関係節，同格節など）からの取り出しを禁止するという制約のかかわる例である．(15a,b) の例は，複合名詞句の中で t で示された位置から，文頭に疑問詞が移動されているために不適格な文になっている．

この現象を Ross がいかに発見できたかを考えて見よう．まず，英語における疑問詞疑問文の規則を定式化する．

(16)　疑問詞を節頭に移動せよ．

次に，(16) をランダムに肯定文に適用し，それが適格な疑問文を作るものと不適格な文を作るものとに分ける．このうち不適格な文のセットに共通の構造的特徴をリストする．このようにすれば，関係節とか同格名詞句などは取り出しを許さず，(15c) のような that 節などは取り出しを許すという一般化が得られる．しかし，この Ross の一般化発見の手順のうち 2 番目のものを子どもは使うことができない．Ross は，自分自身をインフォーマント (informant, 情報提供者) にして，不適格文のデータを手に入れたわけであるが，子どもはインフォーマントを使ってこのような「実験」をすることができないからである．子どもの言語獲得過程においては，(15a,b) のような不適格文を作って，周りの大

人に直してもらうことなどない．したがって，子どもは実験なしで，この規則性を「発見」しなければならないのである．

　実験なしで文法を構成するためには，データと矛盾しない複数の文法のうちどれが価値が高いものであるかを，子どもはすでに理論としてもっていないといけないことになる．逆に，言語理論は，この子どもが持つ評価基準を組み入れたものでなければならないわけである．ここで強調されねばならないことは，この評価基準自体が経験的なものであることである．つまり，科学者としての生成文法研究者は，子どもが持つ文法の評価基準を発見しなければならないのである．

　生成文法の課題は，I-言語の特徴づけと，科学者でない子どもがいかに実験なしで，I-言語を身につけるのかを説明することである．これがどのようになされたかに関しての歴史と展望は，第6巻を参照されたい．

　次に科学者である言語学者がどのようにして実験をし，I-言語および言語機能の仮説をみつけていくかを見てみたい．

(d) 生成文法における理論の検証

　上で見たのは，同じ記述力を持つ理論がある場合，どちらを採用するかに関するメタ理論の性質であったといってよい．子どもは，メタ理論を獲得装置に組み入れているために，基本的には実験なしで正しいI-言語を見つけることができるが，我々言語学者は，正しいI-言語，正しいメタ理論を求めて，実験を繰り返さなければならない．以下では，議論が多少複雑になるが，これまで生成文法が行ってきた実証の作業を多少とも具体的に見てみたい．

　生成文法が，方法論的自然主義を採用し，言語を自然の一部として見る限り，理論とその検証に関して特別な方法があるわけではない．感覚経験を説明する理論モデルを構成し，それを検証する以外の方法はない．この場合の検証作業というのは，実際にはどのようなものだろうか．

　現在，生成文法は，感覚経験を客観的に測定する方法を持たない．特に，知識としての文法の研究に関しては，資料としての文に対する言語使用者としての直観以外に有効な接近手段を持たないのである．生成文法は初期の段階から今日に至るまで，話し手の文に対する言語直観を主たる予測と検証の対象としてきた．知識獲得や知識の使用に関しては，他の実験的方法が可能である（こ

れに関しては第10巻，第11巻を参照されたい）．しかし，どのような文法知識が脳内に存在しているかに関する仮説を構成しようとすると，現在もっともよく使われる方法は，母語話者の言語直観に頼ることである．このことは，それだけでは必ずしも不利となるわけではない．もし，言語使用者の直観が信頼でき，安定的に，繰り返し得られるものであるならば，そのうえに理論を構成して，理論の検証をすればよいからである．問題は，言語使用者の直観がどの程度信頼できるかについて，かなりの不信感が生成文法の内部，外部を問わずあることである．

　生成文法の議論において使われる例文の適格性の判断は，一見かなり不安定で，個人差がありそうに思われる．そもそも，例文の適格性の判断をするということ自体かなり非日常的な行為であり，我々の言語使用は，もともと直観によって適格性の判断をするようにはできていない．適格性の判断は，メタ文法性判断能力を問うものであり，知識としての言語と直接の関係を持つものではない．それにもかかわらず，例文の判断による言語使用者の直観のデータの解析は，非常に有効であり，仮説の構成，検証に際して現在もっとも信頼できる方法であると考えられる．

　このような考慮から，話者の判断を理論仮説の構成・検証に使う際の必要条件をあげれば，次のようになるだろう．

(17)　a. 理論が明示的に構成されており，理論の装置の予測する動きと判断の関係が明示的にリンクされている．
　　　b. aと関連して，判断がコントロールされていること．
　　　c. 問題とされる判断が体系的な判断であり，孤立した判断でないこと．

これらは網羅的なものではないが，このような条件が満たされれば，文の適格性の判断は十分心理実験として使える．他の方法，たとえば，アンケートやテキストデータによるものより，はるかに短い時間でより正確なデータが得られると考えられる．この方法は，不適格文に関するデータが得られるという大きな利点があるため，理論の予測と検証，そのデータによる修正の作業を比較的短時間で行うことができる．以下では，南カリフォルニア大学の傍士元氏の分析例を，例示のため，多少単純化して使い，このような適格性の判断がどのような形で理論の予測と検証に使えるかを見てみることにする．

(18)のような文の小談話があるとする．

(18) a. 太郎が自分の手紙を捨てた．
　　 b. 花子も [e] 捨てた．

(18a)は，「自分」は主語である「太郎」と解釈されて「太郎が太郎の手紙を捨てた」という解釈を受ける．b は目的語空所[e] が「太郎」と解釈され「花子が太郎の手紙を捨てた」という意味にも取れるが，「花子が花子の手紙を捨てた」という意味にも取れる．前者は厳密同一指示解釈(strict reading)，後者は，不完全同一性解釈(sloppy reading)などと呼ばれる．

以下，この現象の Otani & Whitman (1991) の分析をまず紹介し，それに対する傍士氏の批判と対案を紹介する．

(18)の説明として「自分」のような要素を含む句が主題の位置にあって，それが [e] の位置を同じ対象を指すという分析が可能である．(これは彼らが Huang (1987b) の中国語の分析を拡張して日本語に適用したものである)．

(19) a. [自分$_i$の手紙]$_j$ は花子$_i$も [e]$_j$ 捨てた．
　　 b. [OP]$_j$ 花子$_i$も [e]$_j$ 捨てた．
　　　　(OP は，「自分の手紙」と同じような性質を持つ空の量化詞：下付きの i, j は同一指示をあらわす)

しかし，この分析を Otani & Whitman はとらない．(20)′の b のように「自分」を含む明示的な主題では，「ピーターがピーターの畑のにんじんが好き」という解釈があるが，これを「省略」したと分析される(20)の b では，この解釈はとりにくい．空の主題は，明示的な主題より制約された振る舞いをするのである．

(20) a. 自分の畑のにんじんが，マクレガー叔父さんの大好物でした．
　　 b. ピーターも [e] 大好きでした．
(20)′ a. 自分の畑のにんじんが，マクレガー叔父さんの大好物でした．
　　　 b. 自分の畑のにんじんは，ピーターも [e] 大好きでした．

そこで彼らは，このような目的語の省略を英語の動詞句の省略とおなじような現象として分析する(これも Huang (1987b) の分析を元にしている)．

(21) John threw away his letter; Mary did [e], too.

この場合，(18a)の日本語の文は [動詞句＋た] のように分析される．

(22) [$_{動詞句}$ [自分の手紙を捨て] ＋た]．

しかし，日本語でこのまま動詞句を省略してしまうと「た」だけが孤立してしまい，不適格な文になる．

(23)　花子も [e] た．

英語と違い，日本語の助動詞要素「た」は接辞なので，独立して存在しえないからである．そこで，「た」を支えるために，まず，動詞が動詞句のなか(t の位置)から移動して，この接辞を「支える」と考える．そのあとで残った動詞句が省略されるとするのである．

(24)　a.　花子も [動詞句 自分の本を t][捨て＋た]．
　　　b.　花子も [動詞句 [e] t][捨て＋た]．

英語における「マリーがマリーの」の解釈は次のようなプロセスで得られる．まず，代名詞が何を指すかが決まっておらず，先行詞の指示対象に依存する場合，その先行詞とその代名詞を同じ変数とする**開放命題**(open proposition)を作る．

(25)　John throw away his letter → x throw away x's letter

ここで作られた開放命題は，1引数の述語と同じに扱うことができる．そこで，これを述語として扱えるように λ をつける．これは，次の集合論の表記と基本的に同じである．

(26)　λx (x throw away x's letter) = { $x | x$ throw away x's letter }

John ∈ { $x | x$ throw away x's letter } を (John) (λx (throw away x's letter)) と表記することにする．助動詞と動詞句が別れているとすると John threw away his letter は次のようになる．

(27)　John did (λx [x throw away x's letter])

このような時制の助動詞の遊離は，たとえば throw away his letter, John did のように動詞句を前置したりするときには現れるし，未来の助動詞 will や他の助動詞類は，最初から遊離している．

この構造の動詞句の部分だけが [e] の部分にコピーされると (28) のようになる．

(28)　Mary did (λx [x throw away x's letter])

となる．x は主語の名詞と同じ値をとるので，それぞれ (27)(28) の x の値は異なることになる．もちろん，Mary が John の手紙を捨てた場合には，単に his

の値を John に固定して，[x throw away John's lettter] をコピーすることになる．つまり，代名詞の解釈を変数とするか定数とするかの差がかかわっているという分析である．

　この英語の動詞句省略の分析に，時制接辞「た」「る」への動詞の繰り上げという規則を加えて，日本語にそのまま適用したのが，Otani & Whitman(1991) の分析である．単純に「自分の手紙」を [e] にコピーするという分析がとれないのか疑問が残るが，十分明示的な分析である．

　以下，傍士氏に従ってこの議論が正しいかどうかを確かめよう．ポイントは，日本語のこの構造が一般に動詞句省略が持つ性質を持つかである．英語の動詞句省略は，Hankamer & Sag(1976) が示したように，文脈だけでは十分でなく，言語的な先行詞を要求する（# は文脈的に適切ではないことを表す）．

(29) 　[Sag は Hankamer が 9 インチのボールを 6 インチの輪の中に入れようとするのを見て]

　　　Sag: #It is not clear that you'll be able to [e].

　　　Sag: It is not clear that you'll be able to do it.

動詞句の省略のためには (30) のように省略された要素が言葉として先行文脈に現れないといけない．

(30) 　Hankamer: I am going to stuff this ball through this hoop.

　　　Sag: It is not clear that you'll be able to [e].

日本語の目的語の省略はこのような明示的な導入を必要としない．次郎が自分の手紙を捨てようとしているのを見るだけで (31) を言うことは可能である．

(31) 　太郎も [e] 捨てたよ．

とすれば，18b の例は動詞句省略の例ではなく，そのように見えるのは，何か別の要因がかかわっているという可能性がでてくる．

　さて，上の同一変数による分析が正しければ，「自分の手紙」のような所有形に現れる「自分」だけでなく，次のような単純な目的語の形でもこの分析が成り立つはずである．

(32) 　a. 太郎は自分自身をなぐさめた．

　　　b. 花子も [e] なぐさめた．

　　　c. 花子も自分自身をなぐさめた．

　　　a'. John consoled himself.

  b′. Mary did [e], too.

(32b)が動詞句省略によるなら，この文は「花子も花子自身をなぐさめた」という解釈が可能なはずである．実際，対応する英語の動詞句省略の文ではこの解釈が可能である．しかし，(32b)の文でこの解釈は非常に困難であり，「花子も太郎をなぐさめた」という解釈しかとれない．この場合，「花子が自分自身をなぐさめた」ととるには「自分自身」という明示的な形を必要とする．

 次に，「お互い」「同じ」「別々」のような，先行する数量詞的名詞句と解釈が相関する語を使った例を見てみよう．この場合も，同一変数による解釈が必要となる．次の文は，それぞれの夫婦のメンバー(夫とその妻)に関して，「お互い」「同じ」「別々」の解釈をとっていただきたい．このような特殊な解釈では同一変数解釈を言語外文脈から得ることが難しくなるはずである．

(33) a. すべての日本人夫婦がお互いをなぐさめた．
  b. すべてのアメリカ人夫婦も [e] なぐさめた．
  c. すべてのアメリカ人夫婦もお互いをなぐさめた．

(34) a. すべての日本人夫婦が同じ学生を推薦した．
  b. すべてのアメリカ人夫婦も [e] 推薦した．
  c. すべてのアメリカ人夫婦も同じ学生を推薦した．

(35) a. すべての日本人夫婦が別々の学生を推薦した．
  b. すべてのアメリカ人夫婦も [e] 推薦した．
  c. すべてのアメリカ人夫婦も別々の学生を推薦した．

(b)の例は，一つの夫婦(夫と妻)の中で「お互い」「同じ」「別々」という解釈がとれないことが感じられるであろうか．(a)(c)では，そのような解釈が可能である．(a)(c)では，「任意の夫婦をとってきた場合，その夫婦で「お互い」「同じ」「別々」という解釈をし，それがすべての夫婦で成り立つという手順で解釈されている．夫婦は，peopleのようなグループを表す集合名詞(複数メンバーを持つ名詞)としても解釈できるからである．インフォーマルに書けば，

(36) (すべての A について，A = 日本人夫婦)，$(A)(\lambda A(A(の一方)が A$ (の他方)をなぐさめた)

となる．先の動詞句省略の説明でいくと，この λ 以下が [e] で復元されるわけで，ペアの中で「お互い」「同じ」「別々」という解釈ができないはずはない．実際，英語では，動詞句省略でこの解釈が可能である．

(37) a. Every Japanese couple consoled each other; and every American couple did, too.
　　 b. Every Japanese couple recommended the same student; and every American couple did, too.
　　 c. Every Japanese couple recommended different students; and every American couple did, too.

このように見てくると，日本語の目的語省略構文を動詞句の省略とする根拠は薄弱であることがわかる．Hankamer & Sag (1976) の例でわかるように，動詞句の省略は，言語による先行詞が必要であるのに，日本語ではそのような必要性はなかった．では，日本語には，このような言語表現をされた明示的な先行詞を必要とする場合はないのか．傍士氏によれば，格助詞を明示した省略構文がそうであるという．

(38) 委員長は [すべての日本人夫婦に [e] よりも] 先にすべてのアメリカ人夫婦に同じ学生を推薦させた．

(38) は，「すべての日本人夫婦に同じ学生を推薦させるより先に」の「夫婦内部で同じ」という解釈が可能である．この構造が，英語の動詞句省略と同じ振る舞いをするのは，ごく自然である．「すべての日本人夫婦に」という格助詞つきの名詞句があるために，この構造を解釈するためには，「同じ学生を推薦させる」という動詞句を復元する必要があるからである．

一方，同じような比較構文でも，[ ] 内に動詞を補った例では，夫婦内部の解釈の可能性は少ない．

(39) 委員長は [すべての日本人夫婦に [e] 推薦させるよりも] 先にすべてのアメリカ人夫婦に同じ学生を推薦させた．

つまり，問題となっている違いは，解釈のために，「動詞句」を復元させるのか，単に目的語の項を復元するのかの差であるといえる．「動詞句」の中の「お互い」「同じ」「別々」などの同一変数を持つの名詞句を復元するためには，構造自体を復元しなければならないわけである．

以上，英語の動詞句省略は，すでに先行文脈で言語表現された動詞句の抽象化された復元であること，これに対し，日本語の目的語省略は，そのような動詞句の抽象化された復元という性質を持たないことを見た．さらに，日本語でも，動詞句の省略が想定される場合は，その復元に関して英語と同じような特

性を持っていることが示された．

　では，日本語の目的語省略が，一見，英語の(21)のような動詞句の省略に近い特性を持つのはなぜだろうか．これは，空所 [e] が，「太郎」のような定名詞や「車」のような不定名詞として解釈できるとすれば記述できる．たとえば，(40b)は(40c)の解釈が可能である．この場合，[e] は花子を指しているとすればよい．

(40)　a.　太郎が自分自身を推薦した．
　　　b.　花子も [e] 推薦した．
　　　c.　花子も花子を推薦した．

この仮定は，「なぐさめる」のような動詞では，[e] を花子と解釈しにくいことも記述できる．この解釈は，(c)が「花子」が同一の対象を指示するという解釈では不自然であるという事実と相関しているからである．

(41)　a.　太郎が自分をなぐさめた．
　　　b.　花子も [e] なぐさめた．
　　　c.　花子も花子をなぐさめた．

また，次の例では，単に「他のみなも車を洗った」といえば，普通それぞれ自分の車を洗うのであるという知識に基づいて「それぞれ自分の車を洗った」という分配的な読みがなされている．この場合，[e] は「車」を代用している．

(42)　a.　太郎が自分の車を洗った．
　　　b.　太郎以外のすべての人も [e] 洗った．
　　　c.　太郎以外のすべての人も車を洗った．

以上，目的語の省略に見える現象は，空所 [e] が文脈的に卓立した名詞を受けているだけで，言語構造の同一性に基づく復元ではない．同一変数的な解釈は，語用論的な知識に基づいたものにすぎない．

　以上見たように，十分吟味された文脈では，我々は非常に微細な解釈の違いを安定的に得ることができることがわかるであろう．この判断は，中国語でも韓国語でも同じように得ることができる．以上が傍士氏の分析である．

　長々と非常に細かい直観的判断を見てきた．ここでこのような瑣末とも思える例を出したのは二つの理由による．まず，言語学者の言語構造に関する仮説が非常に明示的であり，直観的判断によりその分析の正否をつけることが可能であることを示したかったことである．つまり，多くの仮説は反証可能な形で

呈示されているということである．この場合の反証は，一連の直観的判断のセットによりなされる．次に，このような直観的判断は異質の要素からなる複合的なもので，どの部分が理論に関与的であるかは，アプリオリには決められない．理論的枠組みと仮説があって初めて，どの部分に着目すべきかが決められるのである．ここで着目すべき点を，言語表現自体により決定される意味・解釈にすると，他の言語以外の認知システムにかかわる判断は，実験では統制されるべき（できるだけ判断を左右しないようにする）摩擦のようなものとされなければならない（上山 2000 参照）．反対に，言語以外の認知システムにかかわる理論・仮説を検証する場合は，文構造のほうが統制されることになる．

　実際，目的語の省略には，非常に多くの言語表現自体の意味とは別の知識がかかわっていた．一方，動詞句省略と見られる構造では，その解釈は構造的に決定されており，日本語と英語の間の差もほとんどない．

　ここで傍士氏が試みていることは，信頼できる計測装置の言語直観版とでもいったものである．つまり，文の適格性の判断というこれまで生成文法が使ってきた道具を，実験における計測装置として機能できるように性能を高め，信頼性をあげるためにはどのような操作が必要であるかを洗い出していると見ることができる．生成文法が，話し手のI–言語のモデルを構成しようとするなら，少なくともモデルの作成段階では，話し手の直観に頼るのがもっとも効率的である．ここで問題とした適格性の判断による「実験法」は，非常に原始的なものであるが，統制された心理実験と同じかそれよりもさらに信頼性の高いものとなる可能性がある．とくにそのために注意すべきは，適格性の直観的判断を示すものが，単に独立した一文の判断によるのではなく，明示的な予測に基づく，判断の体系的な評価であるということである．理論が明示的に構成されていれば，それが予測する判断は体系的なものである．つまり，理論自体をこのような明示的な体系的判断とリンクすれば，かなりの精度で，この「実験」が使えるということを意味する．これまでの文法研究は，このような文脈的な解釈を不用意に混在させてきたために，正確な一般化が妨げられてきたといえる．

　脳内の活動を計る装置がいくら発達しても，それで測定すべき対象が明示化されない限り意味はない．現在の生成文法は，上のような原始的な「実験装置」で，I–言語の中身を明示的にとりだしていく作業を少しずつ地道に続けていくしかないのである．このような形で直観の判断とそれに基づく議論構成が透明

であれば，明示性，反証性，繰り返し可能性などが保証され，研究結果の蓄積が期待できる．

もし，言語学の目指すものが，生成文法のいう I–言語，ひいては言語機能の解明であるならば，新聞データなどの大量の実例データは理論の構築の際には，ほとんど直接には役に立たない．それらは，異質のデータの混在したものにすぎず，そこから得られる一般化にたいした意味は与えられないからである．たとえば，構造言語学や日本の方言学でのインフォーマント調査においては，言語学者はこのことを直観的に知っていたため，その言語や方言の生え抜きの話者による調査を主としてきた．現在，多くの日本語話者は，テレビや学校教育による標準語などの影響を受けて，いわば二重言語生活を強いられている．したがって，動詞の活用などの形態的な面の調査に関しては，言語間や方言間の相互干渉の影響を避けるために，「純粋」な理想的話者に関して個人的な詳しい面談調査が行われる．

これに対し，上で述べた同一変数などの構造的意味の解釈に関わる分野では，基本的にこのような方言間の干渉は起きないようである．しかし，このような意味・統語に関わる形式的な現象では，語彙の選択，構造の選択により，常識をはじめとした，他の認知システムからの干渉が常に起きる．この場合，構造的な関係を取り出すには，やはり個人レベルの詳しい面談調査により，判断の異同を「実験的」に行い，仮説の検証を行うためには，体系的な調査が必要である．もちろん，この場合は，分析者個人が自分の判断を調査するのがいちばん効率的である．ある程度分析がすすんだときには，必要なデータを網羅するために，大量のデータベースは非常に役に立つ．

2.5 言語の説明理論をめざして

近代言語学の歴史を簡単にたどりながら，言語学が目標としてきたものを見てきた．科学としての言語学が最終的にめざすものは，言語の説明理論であるということができる．因果的な説明としては，言語を生物学的必然，すなわち，生物学的器官の発達としてみる見方，すなわち，生成文法によるものがもっとも有力である．言語の知識がどのようなものであり，それがどのように獲得され，どのように使用されるのかを説明する理論である．このアプローチはたか

だか 40 年ほどの歴史しかもっていない．近代言語研究の最初の 100 年は，歴史的存在としての言語が問題とされ，次の 50 年では，社会的存在としての言語が研究の中心であった．これらと生成文法とのもっとも大きな違いは，言語がどこに存在するかに関する仮定の違いからくるといってよい．

　生成文法は，言語のうち，個人の中に生物学的必然として個体発生する I-言語をその解明の対象とした．このことによって，言語の科学がすてたものは非常に多い．人文学としての言語学のほとんどすべては，研究対象から除外されてしまう．人間の文化的遺産としての言語作品の研究は，非常に限定された形でしか言語学の対象にはならないことになるかもしれない．また，コミュニケーション過程としての言語の現象もその多くが，当面は，言語の科学からはずれざるをえない．しかし同時に，非常に多くのものが言語学の研究対象としてあらたに入ってきた．幼児の言語獲得，成人の言語障害，**ピジン**†(pidgin)，**クレオール**†(créole) の生成過程は，社会的な生産物，コミュニケーションの道具としての言語だけではなく，生物学的必然としての言語にも多くの資料を与えてくれることがわかっている．また，言語の変化の過程はあらたに，言語獲得といういう見地から解明しなおすことが必要となっている．

　生成文法理論は，人間の持つ言語知識の解明を目指すものであり，人間が言語によってどのように，また，なぜコミュニケーションができるかに関する理論ではない．実際，Chomsky は，文法は基本的に大部分が使用不可能であるといっている．たとえば，**中央埋め込み**†(center embedding) の文は，基本的に理解することも話すことも不可能に近いし，ある種の**袋小路文**(garden-path sentence) は理解不可能であるし，その他にも多少とも複雑な構造の文は，鉛筆と紙で計算しなければ，構造すら与えられない．しかし，言語の知識を解明するためには，これらの構造を無視してしまっては，一般化は不可能である．つまり，言語のうち，使用可能な部分，作品として実際に使用された部分のみを見ていたのでは，言語の本質を見失う可能性がある．

　したがって，言語の使用やコミュニケーションの問題と言語知識の問題 (I-言語の問題) とは，一応独立した問題とみなしたほうがよい．我々がなぜ，いかにして言語を使ってコミュニケーションができるのか，に関しては，生成文法とは別の理論が必要である．それは，たとえば，完全に発達した言語によるコミュニケーションと，たとえば，ピジンのような多くの文法的装置を削ぎ落

とした「言語」のコミュニケーションの差や，動物としての人間のコミュニケーションの仕方，相手との距離のとり方などを射程にいれた人類学的な研究の一部として行うべきであろう．

本章では，科学としての言語学とはどのような学問であるかについて非常に簡単に述べた．対象とする「言語」の概念が異なれば，具体的なアプローチはかなり違ってくる可能性はあるが，方向性は示し得たと信じる．すなわち，現象にたいして明示的な理論を立て，それを実証するという立場である．他の分野においても同じであるが，言語学においても，研究を単に観察の便宜的なまとめとして，それ以上の一般化を拒否する行き方が必ずある．大胆な仮説による，一見無関係な現象の説明によって初めて世界に関する理解はすすむと考えられる．一方，仮説は大胆であっても，実証作業は堅実でなければならない．理論の前提の部分を明示化し，さまざまな理論がどのような実質的な違いがあるのかを示していく作業が必要である．

また，現在，生成文法は，例文の体系的な判断しか有効性のある方法を持っていない．理論の有効性を示す方法として他の手法を開発する必要があるであろう．そのためには，いっそうの抽象化と理論の明示化により，理論の行う予測が直観的判断以外の実験的手法により立証できる形にしなければならない．

第 2 章のまとめ

2.1 近代言語学は，言語現象の客観的な記述・説明を目指す．正しい用法，規範，標準の設定などは，言語学本来の役目ではない．
2.2 近代言語学の代表として，比較言語学，構造言語学，生成文法の研究対象と方法を解説した．
2.3 比較言語学は，二つ以上の言語を比較する比較法，一つの言語の不規則性からその言語のより古い時代の状態を再構成する内的再構などにより，記録以前の時代の言語の状態を復元する学問である．最終的には，言語変化の説明理論を目指す．
2.4 構造言語学は，言語変化という通時的な記述以外に，共時的な記述が可能であることを示し，言語が共時的な体系であることを明らかにした．構造言語学の目標は，各言語の共時的体系の記述である．
2.5 構造言語学の記述は，体系(差異の対立からなる抽象的な体系)の要素の目録

と，その要素の環境による具現という形式をとる．

2.6 構造言語学は，言語は社会習慣の一種であるとした．この習慣の体系は直接観察できる経験データのみから機械的な手順で抽出できると考えられていた．したがって，言語は経験データのみから獲得が可能であると考えた．

2.7 生成文法の研究対象は母語話者の言語知識である．生成文法は，生物学的観点をとり，この知識が脳に実在すると考える．そして，それがどういう構造をしているか，どのように獲得されたかを，自然科学と基本的に同じ方法で研究できると考える．

2.8 生成文法は，言語知識の内容が，直接観察できるデータからの帰納では原理的に決定できないことを示し，子どもの言語獲得は，類推による模倣や習慣形成ではなく，生得的な機構によると主張する．

2.9 生成文法において，言語獲得に関する理論は，言語理論を評価するメタ理論として働く．

2.10 生成文法の理論の検証は，母語話者の言語直観によるのがいまのところいちばん信頼性が高く，効率的である．

3
言語への情報科学的アプローチ

【本章の課題】

　言語に関する情報科学的な研究の目的は，人間の言語処理過程の科学的な究明や，ワープロや機械翻訳などの工学的な応用を含み，きわめて多岐にわたる．そうした研究の総体は**自然言語処理**（natural language processing）とか**計算言語学**（computational linguistics）などと呼ばれる．「自然言語処理」はどちらかというと工学的な応用を指向した言い方であり，「計算言語学」にはもう少し基礎的・理論的なニュアンスがあるが，本章では「自然言語処理」を中立的な意味で用いる．

　本章の課題は，自然言語処理の概要を基礎科学と工学の両方にわたって紹介し，それら相互の間の関係，およびそれらと言語理論との関わりを明らかにすることである．以下では，まず自然言語処理技術の現状とその歴史を概観し，工学応用と科学研究にわたるさまざまな観点から自然言語処理について論ずる．また，言語理論の工学への応用との関係についても述べる．

　本章の性質上，以下では，本叢書の他の巻で本格的に論じられる技術的な事項について先取りして言及することが多い．そこで，専門的な用語や概念に関しては簡単な説明を付けるようにした．特別な予備知識がなくても，本章の内容を理解する上でさほど支障はないはずである．しかし，特に情報処理技術に馴染みの薄い読者は，他の巻を読んだ後で本章にもう一度目を通していただければ，さらに理解を深めることができるだろう．

3.1 自然言語処理技術の概要

典型的な自然言語処理システムの構成を図 3.1 に示す．これは対話システムまたは質問応答システムであり，入力された言語表現に応じて別の言語表現を出力する．ここでは自然言語処理技術の全般を概観するためこのようなシステムを考えるが，もちろん，入力された言語表現に対応する物理的動作を行なうなど，他の入出力関係や処理様式を持つシステムもある．

図 3.1 において，長方形の箱は処理のモジュールであり，それ以外はさまざまな形式の情報である．矢印は情報の流れを示す．これらの情報のうち，「言語的知識」と「非言語的知識」はあらかじめシステムに組み込まれたデータベースであり，他は動作時に入力・加工することによって作られる情報である．言語的知識は辞書（語彙）と文法からなり，文法は形態論，統語論，意味論，語用論などからなる．非言語的知識は一般常識，専門知識，技能などを含む，いわゆる「意味」に相当する．意味論は意味の形式に関する理論であり，意味の内容はだいたい非言語的知識である．

自然言語処理は，言語表現の理解および産出という，主に二つの側面からなり，これらに関する基本技術が仮名漢字変換や機械翻訳や質問応答システムな

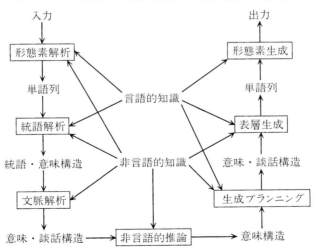

図 3.1　標準的な自然言語処理システムの構成

どに応用される．図の左側の下向きの情報の流れが理解，右側の上向きの情報の流れが産出である．ここで，「産出」は文（章）を発話する過程全体を意味するものとし，「生成プランニング」や「表層生成」など，産出のうちの個別的な処理については「生成」という用語を用いる．下端の「非言語的推論」は自然言語処理に限らない**人工知能**（AI, artificial intelligence）の一般的なテーマである．以下，入力から出力へと向かう情報の流れに沿いながら各処理過程について述べてゆく．

記号列を単語や活用語尾などの**形態素**（morpheme）に分割する処理を**形態素解析**（morphological analysis）と言う．なお，図では省略したが，入力として記号列ではなく音声や画像が与えられる場合には，**音声認識**（speech recognition）や**画像認識**（vision recognition）などの**パターン認識**（pattern recognition）によって，入力信号を**音素**（phoneme）や**文字**（grapheme）からなる記号列に変換した上で形態素解析を行なうことになる．書字や手話（手話もれっきとした自然言語である）を認識する場合には時間変化のパターンが処理の対象となる．書字運動は静的な文字画像よりも情報量が多いために認識が容易であり，携帯情報端末への手書き文字入力などがすでに広く実用化されている．これに対し，音声言語や手話の認識に関しては，音声や手の動作や表情のどのような特徴量に着目すればよいか不明の点が多いので，本格的な応用はまだ難しい．

音声や文字の認識においては，発音が明確でなかったり，雑音が入ったり，字が歪んでいたりするために，認識の**曖昧性**（ambiguity）がしばしば生じ，その曖昧性を解消するためにさまざまな言語的および非言語的情報が用いられる．たとえば，ある音節が「か」か「た」か判然としない場合，辞書を用いれば「かきび」ではなくて「たきび」であることがわかり，医学関係のことが話題になっているという非言語的知識を使えば「かいしゃ」ではなく「たいしゃ」であることがわかる．

また，形態素解析においてもさまざまな曖昧性が生ずる．たとえば，（音声入力または仮名漢字変換の場合）「にわとりがいる」は「2羽鳥がいる」または「鶏がいる」である可能性が高い．この曖昧性は，「2羽鳥が」が2文節であるのに対し「鶏が」が1文節なので，「文節が少ない解析を優先せよ」という**文節数最小**または「長いまとまりを優先せよ」という**最長一致**（longest match）の原則により，形態論の範囲で解消され，「鶏がいる」を選ぶことができる．一方，

「ここではきものを」には「ここでは着物を」と「ここで履き物を」の可能性があるが，この曖昧性を解消するには統語論や非言語的知識が必要である．たとえば，「ここではきものを」の後に「たたんでください」と続けば「ここでは着物を」であることがわかるが，それがわかるには非言語的知識を用いなければならない．このように，音声の認識や仮名漢字変換の精度を向上させるにも，辞書と文法だけでなく一般的な常識が必要であることがわかる．

統語解析(syntactic analysis または parsing)は**構文解析**とも言う．そのための手続き（計算手順の指定）またはプログラム（手続きを何らかのプログラム言語で書き表わしたもの）を**パーサ**(parser)と言う．この過程では，単語（形態素）の間の統語的な関係（主語と動詞の間の関係など）を検出することにより，各文の意味構造を構築する．たとえば「健は君を愛している」の意味を正しく理解するには，「健は」が「愛している」の主語であり「君を」が目的語であることを認識する必要がある．その際には，おおよそ「ふつうの動詞の主語は動詞の表わす**事象**(state of affairs または event)の動作主(agent)を表わす」という意味の**統語規則**(syntactic rule)を用いる．

統語解析によって作られる意味構造にはさまざまな形式のものがあり得るが，典型的な例として

love(Ken,h,st)

のような論理式を考えよう．これは「健は君を愛している」の意味構造である．love は，第 1 項（の表わす個体）が第 2 項（の表わす個体）を第 3 項（の表わす時刻または時間帯）において愛しているという関係を表わす．Ken は「健」の指示対象である個体，h は聞き手，st はこの文が発話される時刻を表わす．意味構造のもうひとつの典型的な形式では，事象を表わす項(term)を用いて，事象とその動作主や被動作対象(patient)などの関係をそれぞれ 2 項関係としてとらえる．この形式に従えば，たとえば上の論理式のかわりに

isa(e,love) ∧ agt(e,Ken) ∧ pat(e,h) ∧ time(e,st)

のようなものを用いることになる．e はひとつの事象であり，love は誰かが誰か（何か）を愛するという事象のクラスであり，isa(e,love) は e が love のひとつの具体例であることを表わす．agt(e,Ken) は e の動作主が Ken であることを，pat(e,h) は e の被動作対象が h であることをそれぞれ表わす．2 項関係（の具体例）を第 1 項から第 2 項への矢印と考えれば，この形式の意味構造は，図 3.2

のようなグラフ（ネットワーク）と見なすことができる．この形式に基づく意味論ないし**知識表現**(knowledge representation)の理論として，Neo-Davidsonian意味論，状況理論(situation theory，本叢書第 4 巻第 2 章参照)，フレーム理論†(frame theory)などがある．

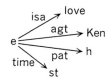

図 3.2　「健は君を愛している」に対応する意味ネットワーク

　統語解析においては，当然ながら統語論を中心とする言語的知識が必要だが，図 3.1 に示したように非言語的知識もしばしば用いられる．ただしそれは，非言語的知識一般ではなく，**選択制限**(selectional restriction)程度に限られるのがふつうである．選択制限とは，動詞や形容詞の項(argument)の意味的な属性に関する制約である．たとえば

　　毛が大きい頭に生える

においては，統語論的知識しか用いなければ，「毛が」が「大きい」に係るか「生える」に係るかという曖昧性が生ずる．しかし，「大きい」の主語になれるのは大きさを持つものを表わす名詞であり，「毛」は太さと長さを持つが大きさを持たないので「大きい」の主語になれない．したがって，「毛が」は「大きい」にではなく「生える」に係ることがわかり，曖昧性が解消できる．自然言語処理においてはこのような曖昧性がしばしば生ずるが，そうした曖昧性はなるべく早く解消することが望ましい．さもないと，曖昧性が組合せ的な爆発を起こす可能性が高い．統語解析において言語的情報だけでなく非言語的情報をも用いるのはそのためである．

　文脈解析(contextual analysis)では，統語解析によって作られた各文の表層的な意味構造を補い，**談話構造**(discourse structure)を認識する．意味構造を補うとは，「その左」のような名詞句や省略された主語などの指示対象を決定することである．たとえば「健は君を愛している」に関する統語解析の結果，この文の聞き手を健が愛しているという意味構造が求まり，文脈解析ではその聞き手が誰であるかを明らかにする．その際，この文だけではなく周りの文脈を

参照しなければならない．談話構造とは複数の文の間に成立する構造であり，質問と応答の関係や，**修辞構造**(rhetorical structure)などを含む．修辞構造とは，前の文が後の文の根拠を述べているとか，前の文で記述されている事態の後で次の文で記述されている事態が生じている，などという文（または複数の文のまとまり）の間の関係である．

　文脈解析では非言語的な文脈が用いられることも多い．たとえば，聞き手が誰かを推論する際には，話し手がどちらを向いてしゃべっているかなどの情報が重要である．また，「腹が減った．食事に行こう」や「食事に行こう．腹が減った」のような文章において第1文と第2文の修辞的関係を同定するには，一般的な常識が必要である．

　非言語的推論(extralinguistic inference)では統語解析と文脈解析によって得られた理解に基づき，非言語的な知識を用いた推論を行なう．たとえば「時計見せて」という発話を聞いて時計を提示するには，腕時計が左手首にあるなどの，言語に無関係な知識を必要とする．

　言語の理解は，発話がどのような意図の下になされたかを認識する作業を含む．**言語行為**(speech act)を成就させるには，たとえば

　　時計持ってる？

が字義通りの疑問なのか，あるいは時刻を教えてほしいという要求なのかを認識する必要がある．この過程が文脈解析に属するか非言語的推論に属するかは微妙な問題である．伝統的にはこうした発話意図の認識は文脈解析の一部と見なされることが多い．しかし，言語の使用を一般の行為と同様に**プラン**(plan)に基づく行為としてとらえる**プラン認識**(plan recognition)の理論によれば，発話意図に関する推論は，言語に無関係な一般的知識に帰着でき，したがって，「おはよう」のように慣用化したものを除いて非言語的推論に属すると考えることもできる．

　たとえば，「時計持ってる？」という発話を考えよう．この発話を行なうにあたって話し手は以下のようなプランを立てたと思われる．

　[1]　時刻を知りたい．
　[2]　それには聞き手に時計を見せてもらえばよい．
　[3]　そのためには聞き手が時計を持っていなければならない．
　[4]　だから聞き手が時計を持っているかどうか尋ねてみよう．

聞き手は，話し手のこのプランを認識することにより，「時計持ってる？」の背後にある話し手の意図を一般的な知識から推測できる．こうして，単に「持ってるよ」と答えるのではなく，時計を見せてやるとか，時計台を指し示すとかという協力的な対応を行なうことができる．また，話し手のほうも初めからそれを期待しているかもしれない．

　形態素解析と統語解析よりも文脈解析と非言語的推論のほうが非言語的知識に基づく一般的な推論を行なうので，前者と後者では意味内容の構造として異なる表現形式を用いることもある．前述のように，統語解析などでは選択制限のような簡単な非言語的知識を使って補語（主語や目的語）と動詞の統語的関係をチェックするという程度の推論しか行なわないので，格関係（行為とその動作主や被動作対象などの関係）程度の情報を含む意味構造があれば十分である．これに対し非言語的推論は，上記のプラン認識をはじめとして一般的な推論を含むので，そのような推論が定義できるような知識表現の枠組が必要となる．

　非言語的推論ではつぎに表出すべき意味内容の構造を求めたが，その意味内容を言い表わす文章の筋立てを構成するのが**生成プランニング**（generation planning）である．つまり生成プランニングでは，出力する文章全体によって表現すべき意味内容の構造を入力し，その意味内容の各文への配分や文間の修辞的関係を決める．

　たとえば，

　　request(s,h,give(h,X,Y))

（話し手 s が聞き手 h に，h が X に Y を与えることを要求（request）する）という意味構造を与えられてこれを言語表現することを考えよう．X はある人物，Y はある物体とする．X と Y が簡単に特定できる場合には，生成プランニングの出力は 1 文の意味構造となり，それが後に表層生成と形態素生成によって「あげて」とか「御子息にお渡し下さいませ」とか「健にこれをやれ」のような文になる．一方，X や Y を簡単に指示（refer）できない場合などは，生成プランニングの出力は複数個の文からなる文章の構造（各文の意味構造と文間の談話構造）となり，それが表層生成と形態素生成を経て「さっきまでここに座ってた人がいたよね．昨日私が買った本をあの人に渡してよ」のような文章となる．あるいは，第 1 文によって聞き手が X を同定できない場合には第 2 文の発話をとりやめて聞き手の質問を受け付けるという，条件付きのプランを立てる

こともあり得る．また，もっとまとまった論説や説明の文章構成も生成プランニングの仕事と考えられる．それには，「起承転結」とか「まず直観的な定義を述べてから例を少し挙げ，つぎに正式の定義を示した後でさらに例を挙げる」のようなシナリオを用意しておき，これに具体的な意味内容をあてはめることによって文章の構造を作るという方法が用いられる．

文章の生成においては，話し手(書き手も含む．以下同様)は，聞き手(読み手も含む)に意味が伝わりやすいように，聞き手の知識に応じた生成プランニングを行なう必要がある．たとえば，聞き手が素人と思われる場合には，専門的な用語は使わないとか基礎的な事項から説明するとかという配慮が要請される．また，指示表現に関しても，「健」で通じないと思われる場合には「さっき来た人」のような言い方をするといったこともその一環である．このように，生成プランニングでは非言語的情報の果たす役割が大きい．

表層生成(surface generation)では，個々の文の意味・談話構造を与えられて，その文の統語構造を求め，単語(形態素)の列を出力する．たとえばrequest(s,h,give(h,Ken,Y))という構造が文生成プランニングの結果として与えられた場合，話し手と聞き手の社会的関係(これは非言語的文脈の一部である)に応じ，後に形態素生成を経て「健にやれ」とか「健にお渡し下さいませ」のような形になる文を産出する．健が話し手の身内である場合などは「健に下さい」のような文になるだろう．また，came(Ken)というひとつの意味を生成する場合でも，健が現在話題になっていれば「健は来た」，そうでなければ「健が来た」のような文を生成する．

形態素生成(morphological generation)は，表層生成によって求まった単語(形態素)の列を形態論や音韻論の規則に従って活用または加工した上で出力する．実は，上記の「健にやれ」という文は，表層生成の出力である

　　　　健・に・やr・IMPERATIVE

という形態素の列を形態素生成によって変換した結果である．ここで，「やr」は動詞「やる」の語幹，'IMPERATIVE'は動詞の活用語尾で命令の意味を持つものとする．音声を出力するには形態素生成に加えて**音声合成**(speech synthesis)を行なう．自然な音声の合成には，適切な**調音結合**(coarticulation, 形態素の連続や音素の連続の仕方に応じた発音の仕方)や音の高低の調節など，難しい問題が多い．

繁雑になるので図 3.1 の中には対応する矢印を描き込んでいないが，それぞれの処理のモジュールにおいては，矢印で示された入力と「言語的知識」と「非言語的知識」だけでなく，先行文脈（以前の発話や談話）に由来する情報も用いられる．先行文脈において言及された意味内容が文脈解析や非言語的推論で使われることは言うまでもない．たとえば相手が

　　私，ダイエット中なの

と言った場合は，フランス料理の夕食に誘うのを思いとどまることができる．

また，先行文脈は意味内容（非言語的情報）だけでなく統語構造や談話構造も含む．たとえば，

　　I gave the dog a candy pleased a toy.

という英文を考えよう．これは一読しただけでは理解しにくい**袋小路文**（garden-path sentence）である．最初は 'a candy' を 'gave' の直接目的語だと思ってしまうが，実はこれは 'dog' を修飾する関係節の主語である．しかしこの文も，

　　You gave the girl he pleased a book.

のような文の直後であれば理解はずっと楽になる．このように以前の知覚刺激と関連する知覚刺激の認知が促進される現象を心理学では**プライミング**（priming）と呼ぶ．プライミングには非言語的な連想を含む複雑なものもあるが，上の例のように表層的な類似性に基づく比較的単純なものも多い．一般に，このようなプライミング効果により，先行文脈中の統語・意味・談話構造と類似した構造が以後の談話において出現しやすい．出現しやすいというのは，話し手が発話しやすいということと聞き手が理解しやすいということの両方にわたる．しかも，話し手は聞き手にわかりやすいように発話し，聞き手はそれを想定して解釈し，話し手はまたそのことを期待して発話し，… という無限の入れ子構造を持つ協調関係が成立するので，この傾向はなおさら助長され，ひとつの談話の中に類似の構造が頻出する．「A と B」や 'A and B' のような**等位構造**（coordinate structure）において，A と B が統語的および意味的に似る傾向があるのも同様の事情によるものと考えられる．これらの事実は自然言語処理技術でも利用されている．

3.2 歴史と展望

　自然言語処理の始まりとしては1940年代の機械翻訳の研究を挙げることができる．その後1950年代にアメリカではスプートニク・ショックの影響もあって，ソ連の技術資料を英訳するための機械翻訳の研究が行なわれ，これをきっかけとして多くの研究者が機械翻訳に参入した．当時の機械翻訳は，単語または熟語の単位で原言語から目標言語の表現に変換し，語順はその後で適当に調整するという単純な方式に基づいていたが，語順が大して違わないヨーロッパの言語の間ではそれでもほどほどに理解可能な翻訳が可能だった．しかし，1950年代後半にN. Chomskyが**生成文法**(generative grammar)の考え方を定式化したことに始まって**形式言語**(formal language)に関する数学的な研究が行なわれ，これに応じて統語解析の研究が進んだことにより，1960年前後には統語解析の結果に基づく機械翻訳が行なわれるようになった．

　1960年代の中ごろ，アメリカでは機械翻訳に多額の研究費が投じられたにもかかわらず成果が上がらないことが問題となって調査が行なわれた．今日ALPAC(Automatic Language Processing Advisory Committee)レポートと呼ばれているその報告書(ALPAC 1966)は，まともな機械翻訳の研究に着手できるほどにはまだ技術が成熟していないと結論付け，機械翻訳に関する研究予算の打ち切りと自然言語処理に関する基礎研究の推進とを同時に勧告している．その結果，第1の勧告によってアメリカにおける機械翻訳の研究が途絶え，しかも第2の勧告が事実上無視されたことによって，その後約10年間にわたり自然言語処理の研究は低調であった．しかしその間も日本やヨーロッパでは機械翻訳を中心とする自然言語処理の研究が続けられた．こうして今日では，機械翻訳の研究と応用に関しては日本が世界をリードしている．

　初期の機械翻訳がうまく行かなかったのは，ほとんど言語的な情報しか使わず，意味(非言語的情報)を用いなかったためである．前述のように，意味的な知識を使わなければ，原言語の解析において大量の曖昧性が発生するので正しい解析ができず，したがって正しい翻訳ができない．この反省に立って意味や文脈に関する基礎的な研究が始まり，自然言語処理の射程が広がった．

　R. Schank(1975)は，意味処理に関して非常に急進的な立場を取り，自然言

語理解においては統語論は使われない(あるいは統語論は存在しない)と主張して，意味に基づく言語理解の方法を提唱した．実際われわれ人間は，統語的情報を用いなくてもかなりの程度まで文の意味を理解できる．このことを示すひとつの鮮やかな例として，**ブローカ失語症**(Broca's aphasia)がある．

ブローカ失語症とは，ブローカ領域(大脳左半球の側面前寄りの一部分)およびその周辺の損傷によって生ずる言語障害である．(ブローカ領域だけの損傷では大した障害は起こらず，下記のような障害はより広い領域の損傷によるものであるが，それが正確にどの領域であるかは特定されていない．)ブローカ失語症においては，正しい文を話す能力と書く能力が著しく損なわれるが，簡単な文を理解する能力は比較的よく保たれる．P. Brocaが1861年にこの失語症を発見した際の患者は，'tan'としか発話できなかったが，日常会話の理解にはほとんど問題がなかった．そういうわけで，Broca以来，これは言語表現を産出する機能における障害と考えられてきた．

しかし，その後100年以上後の実験で，統語的な情報が理解に必要な文('The girl the boy is chasing is tall.' など)をブローカ失語症の患者が理解できた割合は偶然を越えなかった．したがってブローカ失語症は，産出と理解の両方にわたる，統語的情報の使用全般に関する障害と考えられるのである．それにもかかわらずブローカ失語症が100年以上にもわたり産出能力に関する障害と考えられてきたことは，言語理解において統語論がしばしば不要であることを意味する．少なくとも，日常会話に現われる単純な文は，統語論を用いなくても，他のさまざまな情報を用いて理解できることが多い．自然言語理解に統語論が不要であるとするSchankの主張は，極端ではあるが一面の真理をとらえている．

自然言語処理の歴史を語るうえで，T. Winograd(1972)が開発した対話システム SHRDLU(シュルドル)を見落とすわけには行かないだろう．SHRDLUは，コンピュータの中にシミュレートされディスプレイに線画で表示された積木の世界(blocks world)に関し，キーボードを介して人間と英語で対話するシステムである．このシステムは，統語解析，意味・文脈解析，非言語的推論および文産出の機能をすべていちおう備え，これらを結合することにより，人間を相手にかなり柔軟な対話を行なうことができた．世界に関する知識の形式的表現を用いた推論とそれに基づく行為(この場合は言語使用と積木の世界への操作)という，この

ような(初期の)人工知能のアプローチにより，意味とは何かという古くから観念的に論じられてきた問題を実証的に探求するための基盤を与えた意義は大きい．

しかし，SHRDLU が立脚していた当時の人工知能のアプローチは，今では古き良き人工知能(GOFAI, good old-fashioned AI)と呼ばれ，過去のものとなった．このアプローチが破綻した最大の理由は，世界中の関連する情報を「頭の中」で形式的に表現しかつ計算し尽くすことができないということである．SHRDLU が成功したのは，形式的な記述・計算が可能となるように扱うべき世界を狭く限定したからだった．ところがそもそもわれわれ人間が自然言語を用いるのは，複雑で予測不可能な世界について語るためであり，完全に形式的に記述・計算可能な積木の世界について語るのにわざわざ自然言語を用いる必要はない．人間は，世界に関する不完全な知識に基づいて類推や連想を駆使しつつ行為を通じて世界と相互作用することで，予測不可能な世界に何とか対処している．人間にとっての意味の総体はそうしたダイナミックな営みの中で実践されるものであり，SHRDLU はそのような意味を扱ってはいない．多様な話題に関して人間と対話を行なうように SHRDLU を拡張することはできないのである．

SHRDLU のこの難点は自然言語処理のみならず人工知能一般の問題点であり，依然として解決されていない．その後，ハードウェアの性能向上や一般的なソフトウェア技術の進歩によって自然言語処理システムの性能は改善されたが，SHRDLU が避けた意味や常識の問題はまだほとんど手付かずのまま残っているのである．今日に至っても，自然言語処理における非言語的情報の利用は，選択制限に基づく統語的曖昧性の解消程度のものにほぼ限られている．それ以外の非言語的情報をまともに利用するには，話題の領域をかなり狭く限定しなければならない．

1980 年代には，人工知能ブームにも乗って，自然言語処理の研究は意味や文脈や常識にまつわる問題に果敢に挑んだ．それは問題の本質的な解決にはまだつながっていないが，しかし問題の解決を目指すうえできわめて重要な多くの成果が得られたことは確かである．言語理論との交流・融合が盛んに行なわれ，この時代の成果の多くはその交流を通じて生まれた．自然言語処理の研究者によって提案された言語理論として，前述のプラン認識

の理論や，代名詞などの**照応**(anaphora)に関する**中心化理論**[†](centering theory)がある．また，自然言語処理に応用された言語理論としては，**語彙機能文法**(LFG, lexical functional grammar)，**一般化句構造文法**(GPSG, generalized phrase-structure grammar)，**主辞駆動句構造文法**(HPSG, head-driven phrase-structure grammar)などの文法理論（第5巻第3章参照）や，**一般化量化子**(generalized quantifier)，**メンタル・スペース**(mental space)，**状況意味論**(situation semantics)，**談話表示理論**(DRT, discourse representation theory)などの意味論（第7巻第2章参照）を挙げることができる．これらの言語理論の構築にあたっては，自然言語処理の研究者も大いに貢献した．

1980年代に広まった計算の理論・技法としては，**制約**(constraint)，**事例に基づく翻訳**(example-based translation) (Nagao 1984; Sato & Nagao 1990)，**コネクショニズム**(connectionism)などがあり，それ以来これらは自然言語処理の標準的な技法として定着している．あえて大雑把にまとめれば，これらに共通した特徴は，複雑な計算手順や推論規則を人手で明示的に設計することなく，システムの複雑な挙動を**創発**[†](emerge)させようとする点にある．

制約とは，個別的な計算手順を含まないプログラムである．制約に基づくアプローチは，個々の情報や作業の種類に応じた具体的な計算手順を人手でプログラムするのではなく，さまざまな種類の情報や作業を共通の一般的な手順によって行なおうというものである．自然言語処理には多様な種類の情報が関わっている．それらの間の複雑な相互作用をそのまま明示的な計算手順としてプログラムしようとすると，設計がそれに応じて複雑化し，破綻する．計算手順の過設計(overdesign)を避けながら多様な情報の間の複雑な相互作用を実現しようとするのが制約に基づくアプローチである．上記のHPSGなどのいわゆる**制約に基づく文法**(constraint-based grammar)では文法が計算手順を含まない制約であることを強調しており，自然言語処理における制約に基づくアプローチはこれらの文法を用いた統語解析や生成の研究に端を発している．

制約の考え方に基づけば，言語表現を理解する過程と産出する過程は，同種の知識と同一の計算手順に基づく現象であり，区別して扱う必要はない．理解は，形態素解析，統語解析，文脈解析のような明確な段階を追って進むものではないし，産出も同様に，生成プランニング，表層生成，形態素生成といった段階に従うものではない．理解も産出も，さまざまな種類の言語的知識と非言

語的知識が共通の計算手順に従って複雑に相互作用する過程である．すると，図 3.1 に示したようなモジュール分けは不適切であり，自然言語処理システムは正しくは図 3.3 のような構成になるだろう．制約プログラムは情報の流れる向きを明示しないので，図 3.1 と異なり，図 3.3 には情報の流れる向きを示す矢印がなく，結線は双方向の情報の流れを表わす．また，統語論や語用論などの特定の種類の知識や，統語解析や生成プランニングなどの特定の種類の作業に応じた個別的な処理手続きは存在せず，あらゆる種類の情報がさまざまな文脈において共通の処理手続きの下で相互作用する．

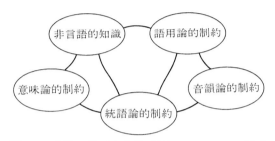

図 3.3 制約に基づく自然言語処理システムの構成

そもそも，図 3.1 の中のさまざまな処理のモジュールの間の区別はあまり明確ではなかった．たとえば，

　　　自分で健に言うのはいやだな．奈緒美に言わせよう．

という談話を理解する際，後の文の「奈緒美に」が「言 w」(「言う」の語幹) に係る (このとき，奈緒美は言うのを聞く人ということになる) のか「a せ」(使役の助動詞「せる」の語幹) に係る (このとき，奈緒美は言う人ということになる) のかという統語的曖昧性が生ずるが，この曖昧性を解消するには前の文の意味内容を参照する必要があり，文脈解析を待たなければならない．このように統語解析と文脈解析の区別は判然とせず，選択制限に帰着できる程度の曖昧性の解消は統語解析に含めるというような恣意的な区別があるのみである．音声認識や形態素解析でも文脈や非言語的情報を用いることがあるので文脈解析や非言語的推論との区別は不明確であり，また文脈解析と非言語的推論の区別が必然的でないことは前述の通りである．

産出に関してもやはり，非言語的推論と生成プランニングと表層生成を明確に区別するのは難しい．まず，生成プランニングが非言語的推論の一部を含む

ことは前述の通りであり，両者の区別は判然としない．また，表層生成と生成プランニングとの区別も明らかではない．表層生成が生成プランニングの出力を用いるのみならず，生成プランニングも表層生成の結果に依存するからである．たとえば，事物を指示する表現を生成するにはプランニングが必要と考えられるが，そのプランニングは，同じ事物がすでに表層生成されたことがあるか，および，あるとすればどのような形で生成されたかに依存する．各事物に言及する回数や言及の際の語順などの決定は表層生成の仕事だから，指示表現の生成のためのプランニングの内容が表層生成の出力から影響を受けるのみならず，そもそも指示表現を生成する必要があるかどうかも表層生成の結果によるわけである．

　以上のように考えると，人間の言語処理機構の構成は図 3.1 よりも図 3.3 に近いように思われる．また，工学的にも後者のほうが柔軟なシステムを実現できる可能性が高い．ただし，形態素解析や統語解析や表層生成を制約の処理として行なう方法は知られているものの，文脈解析や非言語的推論まで含めた広い範囲の計算を制約の処理として統一的に行なう技術はまだない．図 3.3 のような自然言語処理システムの実現は今後の課題である．

　事例に基づく翻訳は，ある言語の表現から他の言語への翻訳を求めるのに，類似する対訳事例を探し出し，その事例を目下の入力文に合わせて加工することによって訳文を作ろうというアプローチである．類似性の程度は，表層の文字面の類似性と，単語の統語的および意味的な類似性に基づいて定められる．たとえば，(1)のような対訳事例と(2)および(3)のような翻訳辞書の項目があったとき，これらに基づいて(4)のような翻訳を行なう．

　　　(1)　　　　he put on a sweater ↔ 彼はセーターを着た
　　　(2)　　　　　　　　sweater ↔ セーター
　　　(3)　　　　　　　　　suit ↔ スーツ
　　　(4)　　　　he put on a suit ↔ 彼はスーツを着た

この例では両方向の翻訳が可能だが，英日翻訳を考えよう．
　　　　he put on a suit
を日本語に翻訳する場合，まず，この英文とよく似た英文を含む対訳事例(1)を対訳データベースから検索する．'he put on a suit' と 'he put on a sweater' と

は 'suit' と 'sweater' の部分で異なる．「彼はセーターを着た」の中で 'sweater' に対応する部分は「セーター」であることが(2)からわかるので，(3)を使って 'suit' に対応する「スーツ」によって「セーター」を置き換えると，訳文として「彼はスーツを着た」が得られる．

　人間の言語使用は整然とした規則体系に完全に従っているのではなく，大量の事例からの類推を頻繁に用いている，というのが事例に基づく翻訳の背景にある考え方である．人手で明示的に記述した翻訳規則を(あまり)使わないことにより，人手による設計にかかるコストを抑制することができる(ただし当然ながら，良質の事例を大量に集める必要がある)．また，従来の規則に基づく方法では正確に規則に一致する入力しか処理できないのがふつうだったが，事例に基づく方法では類推を用いているので，より広い範囲の入力を処理することが可能である．

　従来の(記号的な)規則に基づく方法よりも柔軟性の高い計算メカニズムとして，事例に基づく翻訳や確率を取り入れた制約など，さまざまな形でアナログ的計量を用いるものが1980年代に提案されている．その中でも特に**コネクショニスト・モデル**(Rumelhart et al. 1986)は，人工知能や認知科学を含む広い範囲で使われている．コネクショニスト・モデルまたは**ニューラルネット**(neural net)とは，多数の**ユニット**(unit)が結線を介して結合したネットワーク型の情報処理メカニズムである．通常，各ユニットは実数の**活性値**(activation value)を持ち，この活性値が結線を経て隣接する他のユニットに伝播して行くことによって，ネットワーク全体として何らかの情報処理を行なう．

　コネクショニスト・モデルのうちでもっともよく応用されている**層状ネットワーク**(layered network)の構造を図3.4に示す．ここでは，左端の入力層の中のユニット群に実数値の入力が与えられて情報が矢印に沿って右のほうへ流れ，中間の隠れ層を通って右端の出力層に出力が表われる．結線はやはり実数値の**重み**(weight)を持ち，その値が大きいほど情報がよく伝わる(矢印が出ているユニットの活性値が，矢印が入っているユニットの活性値に大きな影響を与える)．

　コネクショニスト・モデルは，あらゆる入力に対する出力が実数値関数として定義されるという意味において，入力の多様性に応じた柔軟性が高い．また，層状ネットワークをはじめ多くのコネクショニスト・モデルでは，この関

数(結線の重み)を統計的学習則に基づいて学習できる(層状ネットワークの場合は，さまざまな入力に対して望みの値に近い出力が得られるようにできる)ので，知識を人手で設計する必要がない．結線の重みだけでなくネットワークの形状を学習する方法も研究されている．

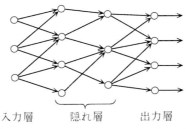

図 3.4 コネクショニスト・モデルの例
(層状ネットワーク)

コネクショニスト・モデルの提唱者である D. E. Rumelhart と J. L. McClelland は子供が英語の動詞の過去形を学習する過程を層状ネットワークによってモデル化しているが，そこでは，入力層は動詞の原形の音韻表現，出力層は対応する動詞の過去形の音韻表現であり，学習は 2 つの隠れ層の間の結線の重みに関してだけ行なわれる．コネクショニスト・モデルの自然言語処理への応用としては，音声認識や仮名漢字変換などの工学的な応用もあるが，それよりも人間の認知過程のモデルへの応用のほうが盛んであり，動詞の過去形の学習のほか，言語理解における曖昧性の解消や失語症のシミュレーションなど，多くの研究に用いられている．

　意味や文脈に関する 1980 年代の研究成果の多くは理論的なものにとどまり，実際的な応用にはまだ結び付いていない．その主な原因は，意味や常識などの情報をコンピュータに十分与えられないことと，複雑な情報を多様な文脈に依存して扱うための情報処理技術がないことであり，このような困難を克服するにはあと 1 世紀以上の基礎研究が必要だろう．

　こうして 1980 年代の後半以来，さしあたり実証可能性が高く応用指向の強い研究が増え，今や自然言語処理の主流を占めている．代表的な研究テーマとしては，**コーパス**(corpus，言語データを集成したもの)からの言語的知識の獲得，インターネットにおける情報検索や要約など，現実の大規模な言語デー

を扱う実証的なものが多く，どちらかというと小規模で人工的な例題に基づいて行なわれることの多かった 1980 年代の理論的研究と対照をなしている．この動向には，音声認識の分野からの影響が大きい．音声認識では，1970 年代ごろから**隠れマルコフモデル**†(hidden Markov model) などの統計的な認識手法が盛んに用いられ，技術の評価も認識率などによって客観的に行なわれていた．自然言語処理でも，1980 年代後半から同様の方法論に基づき，技術の着実な発展と実際的な応用を図るようになったわけである．

しかし計算の技法に関しては，1980 年代と 1990 年代の間にさほどの断絶はない．大規模なコーパスなどから知識を学習するアプローチがしばしば採られるのも最近の自然言語処理の特徴だが，これは，人手による明示的設計を避けようとしている点において，制約や事例に基づく手法と同様である．また，制約に基づく自然言語処理では高速化や学習に関する研究が精力的になされつつあり，事例に基づく翻訳は今や多くの機械翻訳システムで用いられている．

最近の自然言語処理では，意味や文脈の問題が棚上げにされ，実際的な応用が追究される傾向が強いが，そうした研究は方法論がすでに練れているので限界も比較的明確であり，早く成熟するだろう．そうなれば，自然言語処理は意味や文脈の問題に再び直面することになり，しかも今度はその宿命から逃れるわけにはいかない．したがって自然言語処理はこれから，1980 年代に追究された意味や常識や文脈などの問題に，1980 年代後半以降に培われた実証的な方法に基づいてアプローチすることになるだろう．それが成功するために必要なのは，人手による複雑な設計を要しない制約や学習を用いた設計法の進歩と，言語や世界に関する大量の電子化された知識の整備である．その両方がそろって初めて，複雑な世界に適応する自然言語処理システムを現実的なコストで作ることができる．

最近は分類語彙表 (国立国語研究所 1996)，IPAL (IPA Lexicon, IPA は日本情報処理開発協会)，EDR (日本電子化辞書研究所) の辞書，WordNet などの電子化辞書や，Edinburgh 大学と千葉大学の地図課題コーパスや Penn Tree Bank などのコーパスをはじめとする，電子化された言語資源の整備が進んできた．NTT で作られた辞書 (池原他 1997) も電子的な形での出版が望まれる．さらに，インターネットの普及に伴って，大規模なデータを対象とする実用的な自然言語処理技術への需要が高まっている．今後は，電子化された知識の整

備を続けながら，これを用いて複雑な実世界の意味を扱うための設計法が，インターネットなどに関連する応用の場で実証的に研究されることになるだろう．

3.3 自然言語処理システムの評価

自然言語処理システムに限らず，工学システムの評価法は一般に以下のような何通りかの観点から分類できる．
- グラスボックス(glassbox)かブラックボックス(blackbox)か
- 主観的か客観的か
- 分析的か総合的か
- 定性的か定量的か

グラスボックス方式の評価とは，評価対象であるシステムの内部構造やそこで用いられる理論を評価することであり，ブラックボックス方式の評価とは，システムの内部構造や理論的背景を度外視して表面的な入出力関係だけを評価することである．また，評価が主観的か客観的かというのは，評価者の人間の主観が評価に反映されるか否かということである．分析的な評価とはシステムの機能をいくつかの側面に分けて各側面を評価する多元的な方法であり，総合的な評価とはシステムの総合性能を一元的に評価する方法である．定性的か定量的かというのは評価結果の形のことである．グラスボックス方式の評価法は分析的・主観的・定性的であることが多く，逆にブラックボックス方式の評価法は総合的・客観的・定量的であることが多い．ただし，ブラックボックス方式かつ主観的な評価法とか，ブラックボックス方式かつ分析的な評価法などもある．

たとえば**チューリングテスト**(Turing test)は，対話システムに関するブラックボックス方式かつ主観的な評価法と言える．チューリングテストとは，機械が知能を持つかどうかを判定する方法として A. M. Turing が提案したテストである．このテストにおいては，人間の判定者がテレタイプ端末を介して何者かと会話する．テレタイプ端末の先につながっているのは人間または機械であり，判定者はそれがいずれであるかを当てることを求められる．こうして人間を欺ける機械は知能を持っていると考えようというのがこのテストの主旨である．

自然言語処理システムに関する最初の本格的な評価である，ALPAC による

機械翻訳システムの評価もまたブラックボックス方式である．機械による翻訳と人間による翻訳が速度とコストと品質に関して比較されたが，速度とコストの評価は客観的，品質の評価は主観的なものだった．品質の評価においては，あるロシア語の文章からランダムに抽出された144個の文のおのおのについて，3人の人間と三つの機械翻訳システムによる合計6個の訳文を作り，同じ原文の異なる訳文が同じ集合に現われないようにこれらの訳文を六つの集合に分け，6人の人間に理解しやすさと正確さを判定させた．理解しやすさは「完全に理解可能」から「絶望的に理解不能」までの9段階評価だった．一方，正確さの評価は，訳文を読んだ後で原文を読んだとき，訳文にない新たな情報をどれぐらい原文が含んでいるように感じられるかに基づいてなされた．新たな情報が少ないほど訳文が正確だったことになる．

　一般論としては，評価は客観的かつ定量的に行なわれるのが理想的である．第1に，当然ながら，公平を期するためには客観的な評価が望ましい．第2に，人工物が何らかの目的で作られる以上，最終的には，その目的を良く達する程度が定量的に評価されるべきである．そのような評価はほぼ必然的にブラックボックス方式となる．最近の自然言語処理では，音声認識研究からの影響もあって，ATIS (Boisen & Bates 1992) や TREC (Harman 1995) や MUC (MUC-3 1991) など，ブラックボックス方式の評価が盛んに行なわれつつある．ATIS は音声言語処理に基づく質問応答，TREC は文書検索，MUC は後述のように情報抽出 (information extraction) の技術に関する評価である．

　ところが，具体的な技術的方向性が明確になっていない発展途上の技術に対しては，ブラックボックス方式の評価法，特に定量的な評価法は，評価結果に基づいて技術的問題点を指摘することができないので，多くの場合は不適切である．自然言語処理技術の評価に関しては，システムの中味に立ち入ったグラスボックス方式のほうが適切な場合も多い．1960年代の機械翻訳システム全般が絶望的に未熟だという ALPAC による妥当な結論は，上記のようなブラックボックス方式の評価に基づくものだが，その評価結果だけから研究の内容に関する具体的な指針を導くのは無理である．機械翻訳システムの開発は時期尚早でさしあたりはもっと基礎的な研究を推進すべきだという ALPAC のやはり妥当な結論は，ブラックボックス方式を越えた知見であった．また，技術が未成熟な状況では定量的な評価による優劣の比較はあまり意味がない．たとえば，

何らかの問題に関する正解を競う課題において，システム A が 30% の正解率，システム B が 40% の正解率であったとしても，それをもって B の技術のほうが A のそれよりも将来性があるとは言えまい．さらに，そうした状況でブラックボックス方式の評価を不用意に行なうと，確実に成績を上げるためにもっぱら無難な既存技術が使われ，評価が長期的な研究の進展に寄与しにくい．

　Loebner 賞のコンテスト (Epstein 1992) はその典型だろう．このコンテストでは，チューリングテストを模して，「よもやま話」とか「シェークスピアに関する会話」などのテーマについて，審判員が何者かとテレタイプ端末経由で対話し，対話の相手が人間か対話システムかを判定する．対話システムが十分多くの審判員を欺くことができれば賞金がもらえることになっているが，まだその賞金を獲得したシステムはない．ここで要求されているのは，人間らしい対話を行なうという課題だが，これは明らかに現在の技術水準を越えており，この課題に対処する体系的な方法は今のところない．コンテストでは，タイピングのリズムを不均一にしたりタイプミスを混入したり（しかも別に人間のタイピングのリズムやタイプミスのパターンに関するデータに基づいているわけでもない）といった小手先のテクニックを使ったシステムが良い成績を収めており，先進的な研究の努力を促す評価にはまったくなっていない (Shieber 1994)．

　DARPA (Defense Advanced Research Projects Agency, アメリカ国防総省所轄の研究推進機関) が 1987 年以来ほぼ 1 年おきに行なっている，コンピュータプログラムによる情報抽出の競技会 MUC (Message Understanding Conference) においては (MUC-3 1991)，あらかじめ定められた種類の情報（たとえば企業の合併などに関する文章の場合には，何という会社と何という会社がどういう条件で合併するのか，など）を新聞記事などの文章から抽出するという課題が用いられてきたが，この課題では処理すべき情報の範囲がかなり明確に限定されているため，キーワードとの照合などの古典的な技法が多用されている．それによって，情報抽出に関する技術の現状が明確になるとともに，そうした技術が普及したという意味で，MUC の意義は大きい．

　しかし，談話理解における真に難しい問題を解決するための研究が MUC において正当に評価されているとは言いがたい．これまでの MUC の課題が現在の技術水準に照らして難しすぎたため，1995 年に行なわれた第 6 回 MUC では，固有名詞の抽出や照応の解消などの部分的な技術の評価を含む，グラスボ

ックス的な要素を取り入れた枠組が採用された．また，情報抽出そのものに関しても，シナリオ(抽出すべき情報の種類)の公開を間際(1か月前)に行なうことにより，システムがいかに個別的な問題に適応しやすいかを評価するような工夫も盛り込まれている．

　自然言語によるデータベースの検索とか，MUCが対象としている情報抽出などの課題については，いちおうは唯一の正解を定義できるので，ブラックボックス方式の客観的な評価法を考えやすい．これに対して，機械翻訳や対話については，課題に対する唯一の正解を定義するのが不可能であり，客観的な評価が難しい．こうした技術について研究の発展に寄与するような有意義な評価を行なうには，理論的基盤などに立ち入るグラスボックス的な方式やシステムの能力を多数の側面に分ける分析的な方式のほうが考えやすい．

　日本電子工業振興協会(JEIDA)の自然言語処理技術委員会が作成した機械翻訳品質評価用テストセット(日本電子工業振興協会 1995)は，機械翻訳システムの機能を分析的にさまざまな言語現象の扱いに関して評価するための例文集である．例文とその使用法は客観的な評価が可能になるように配慮されている．たとえば，英日翻訳システム評価用のテストセットの例文には，つぎのようにいくつかの情報が付随している．

【番号】　2.1.1.2-1
【例文】　The trash can was thrown away.
【質問】　"can"が「カン/缶」のように名詞として訳されていますか?
【訳出例】
　　○ (くず缶/ごみ容器/くず入れ)は(廃棄された/[投げ]捨てられた)．
　　× ごみは捨てられ得る．
【関連文】　The last will was opened.　「最後の遺言書は開けられた.」
【解説】　"can was"の並びから，"can"が助動詞でないことがわかる．

　テストセット全体はさまざまな言語現象に関連する770個の評価項目からなり，1450個ほどの例文を含む．上の例文は，品詞の認定，特に名詞と助動詞の区別に関する評価項目に含まれる．各例文をまず評価対象である機械翻訳システムによって翻訳し,「質問」や「訳出例」などの情報に照らして訳文の良否を判断する，というのが評価の手続きである．このテストセットは，異なる機械翻訳システムの間で性能を比較する目的ではなく，システムの開発者が自分

のシステムを改良するための情報を得る目的で用いることを想定して作られている．

さまざまな言語現象にわたるこのようなテスト用データの集合は，機械翻訳システムだけでなく多くの自然言語処理システムの評価に有効である．機械翻訳システムやデータベース検索システムが対処すべき言語現象の多くは明示的に列挙することができ，それらの現象に関連する上記のような例文に基づく評価はシステムの総合性能と比較的よく対応し，またその評価結果に沿ったシステムの改良が総合性能の向上につながりやすいと考えられる．

しかし対話システムなどに対しては，分析的な評価も例文による評価も不適切または不可能だろう．対話システムの目的は人間との対話を通じて何らかの（広い意味での）問題を解決することだから，対話システムの総合性能においてもっとも重要なのは，（広義の）問題解決の戦略と大局的な談話構造とをうまく結び付けることだろう．ところが，そのような側面については理論的分析が進んでいないので，関連する言語現象を上記のように具体的なレベルで列挙できない．統語解析や文産出の性能など，現在具体的に列挙できるさまざまな項目に関して評価した結果，すべての面でシステム A のほうがシステム B より優れていたとしても，総合的な能力においてはシステム B のほうが優れているというようなことは十分あり得る．また，対話が大局的な構造を持っているために，対話システム評価用の例文とか対話例のようなものは考えにくい．翻訳の場合にはかくかくの文はしかじかに訳せばよいという一定のパターンを評価のためにあらかじめ用意しておくことがかなりの程度までできるが，対話においては非言語的な文脈がきわめて重要であり，それがどのような文脈かを予測したり数え上げたりするのは事実上不可能と考えられる．

対話システムを評価する枠組として $DiaLeague$(対話リーグ戦)(橋田他 1997)がある．$DiaLeague$ においては，対話システムに対話を通じて何らかの課題を行なわせ，課題達成の度合に応じて点数を与え，多くの対話にわたる得点の平均によって各システムを評価する．これはブラックボックス方式で客観的，総合的かつ定量的な評価法と言える．各対話においては，両対話者に同一の目標を持たせ，互いに協調的に振舞ったほうが有利になるように設定してあるので，協調的なコミュニケーションの能力が評価されることになる．前述のように，対話システムのような未成熟な技術に対してブラックボックス方式の定量的な

評価を行なう際には，システムの改良に役立つ具体的な情報が評価の結果から得られないという問題があるが，*DiaLeague*のような方法では対話の記録からそうした情報が得られる．

初期の*DiaLeague*では，対話システム同士に対話を行なわせ，総当たりのリーグ戦によって成績を評価していた．これは，人間との対話に基づく評価はコストが高すぎると考えられたためである．人間は課題を憶えてしまうので，毎回異なる課題を使う必要があり，またひとりの人間が機械相手にあまり多くの対話を行なうのは無理があるので，評価の公平を期するため，人間の対話者が多数必要になる．しかしその後，インターネットを介して不特定多数の一般ユーザと対話システムとの対話を仲介する対話サーバが整備されたことで人間との対話実験が比較的安価になり，これを用いた評価が試みられている．

3.4 認知モデルと情報処理

(a) 理論と処理

自然言語処理の技法は，工学的な設計・実現のためだけではなく，計算手順やそのプログラムを人間の言語処理過程のモデルとして用いることにより，認知科学的な研究のための道具ともなる．伝統的な言語学では，人間の言語使用において成り立つ法則性を解明する際に，ふつうは心的な情報処理過程に言及しない．たとえば変形文法では言語のある構造が**変形**(transformation)によって次々に姿を変えていくと考えるが，これは時間的な前後関係を捨象しているので，情報処理の過程ではなく情報の構造に関する静的な記述である．しかし，アルゴリズムや計算といった情報処理の概念を言語の科学的説明に持ち込むことにより，伝統的な言語学の静的な説明が当てはまらない現象を説明することができる．たとえば袋小路文のような現象が生ずる理由を説明するには，計算過程に言及する必要があるだろう．

M. Marcus (1980) は，人間による統語解析においてはいったん作った統語的構造を捨てることはないという**決定性仮説**(determinism hypothesis)を提案し，これに基づいてPARSIFALというパーサを作った．決定性仮説によれば，人間は，曖昧性が生じた場合にそれに応じて並列に複数個の仮説を作るとか，と

りあえず作った仮説が間違いとわかったらそれを捨てて後戻りするとかといったことをしない．そういうことをせずに曖昧性に対処するには，曖昧な部分に関して何も仮定せずに先に進み，その後の入力によって曖昧性が解消できるまで決定を保留するしかない．PARSIFAL ではそのように決定を保留できる要素の個数には制限があり，この制限によって，袋小路などの現象が説明できると Marcus は言う．

たとえば前述の

  I gave the dog a candy pleased a toy.

を解析する際には，'the dog' が 'gave' の直接目的語か間接目的語かがすぐには決定できないので，'the dog' の統語的位置付けの決定が保留される．つぎに，'a candy' が 'gave' の直接目的語か 'dog' を修飾する関係節の主語かに関しても曖昧性が生ずる．しかし，これに関する決定が上記の制限により保留できないとすれば，ここで曖昧性を強制的に解消しなければならない．すると，'the dog' と 'a candy' がそれぞれ 'gave' の間接目的語と直接目的語であるという，よりもっともらしいほうの構造が選ばれると考えられる．ところが，この構造はつぎの 'pleased' と矛盾する．決定性仮説によれば，この構造を捨てることはできないので，袋小路が生ずるというわけである．

 人間の情報処理過程に関する説明理論も，ふつうの言語理論と同様に，形式化することによって理論の性質を明確にすることが望ましい．説明の形式化は何らかのプログラムとなる．上の例では PARSIFAL がそれに当たる．ところがこのプログラムは，理論家が最初に想定した理論と必ずしも等価ではない．プログラムとして形式化する際には，何らかの形式的体系（プログラミング言語）に従って記述するため，もとの理論に含まれていない詳細を埋めなければならず，こうしてプログラムと理論とが食い違ってしまうのである．したがって，プログラムの挙動に基づいて理論の善し悪しを評価する際には，プログラムのどの部分が理論に含まれるかに注意する必要がある．ふつうの言語理論を形式化する場合にも同じような問題はあるが，プログラムの設計では，ふつうの言語理論が言及しない情報処理過程に言及しなければならないので，食い違いが大きくなりやすい．計算の手順を具体的なレベルで指定するプログラムの方法を用いる場合にはなおさら食い違いが大きい．たとえば，情報処理の手順に言及しない形で述べられた言語理論に基づく統語解析のプログラムの効率が

3.4 認知モデルと情報処理　105

悪い場合は，もとの言語理論ではなくプログラムの仕方がまずいことが多い．プログラミングが現在のコンピュータの構造に依存していて理論の実現に適さない場合にも，理論とプログラムの差が大きくなる．

　PARSIFAL では，それまでに作った文の構造と現在の入力とに応じて統語的位置付けを保留したり決定したりする仕方が常に唯一に決まるようになっているが，そうすると，その仕方を先行文脈に依存して変えることができないので，たとえば 'You gave the girl he pleased a book.' の後では 'I gave the dog a candy pleased a toy.' で袋小路が生じにくいといったプライミングなどの現象を説明できない．この難点は，PARSIFAL のプログラムの書き方によるものだろうか，あるいはそもそも決定性仮説によるものだろうか．これは微妙な問題である．

　決定性仮説によれば，どんな場合にもただひとつの正しい仮説が立てられていなければならない．これは間違った仮説を作らないということだが，間違った仮説を作ってしまうのは考慮に入れるべき情報を考慮しないからである．PARSIFAL は以前の文や非言語的文脈の情報を考慮に入れていない．上記のプライミング効果を説明できないのはそのせいである．それなら，つねにあらゆる情報を考慮に入れたうえで正しい仮説を維持し続けるようにプログラムすればよいのではないか．しかし，言語の理解に関係のある情報は人間の知識のほぼ全体に及ぶので，そのプログラムは非常に複雑なものとなるだろう．

　PARSIFAL ではほとんど統語的な情報しか考えていないが，それでもプログラムはかなり複雑である．それよりはるかに広い範囲の情報を考慮するプログラムは，複雑すぎて人間の脳に納まらないかもしれない．間違った仮説を作らずに正しい仮説を選ぶには，入力情報の組合せからいきなり正解が求まるような表を用意しておくしかない．入力情報が人間の全知識にわたる場合，単純な仕方で作ると，表の大きさは明らかに脳の容量をはるかに凌ぐ．現実的な認知モデルを作るには，表の大きさを何とかして抑える必要があり，実際にそれが可能かどうかは経験的な問題である．その可能性は薄いように思われるが，もしも可能であれば，PARSIFAL の上述のような難点は，プログラムの書き方が悪いせいであり，不可能であれば，決定性仮説が間違っているせいだということになる．

(b) 部分性と計算

　人間の情報処理能力は完璧ではない．われわれはしばしば思い違いをするし，気付くべきことに気付かないことも多い．つまり，情報処理能力が限定されていると，関係のある情報に部分的にしかアクセスできない．このことを**情報の部分性**(partiality of information)と言う．また，情報処理能力が不完全だと，自分の利得の期待値を最大にするように振舞うことができず，したがって不完全な合理性しか持たない．これを**限定合理性**(bounded rationality)と言う．認知科学や人工知能や経済学など，知にまつわる多くの研究分野における共通の難問が，人間の情報処理能力が不完全だというこの事実から生ずる．

　知のはたらき(行為とその背後にある推論)を定式化する際のもっとも標準的な枠組として，行為者が何らかの知識(または信念)を持っており，その知識を用いて推論することによって，自分の利得の期待値を最大化するような——**合理的**(rational)な——行為を選択する，という考え方がある．しかし，行為者の情報処理能力が不完全である場合には，その知識を完璧には使いこなすことができない．したがって，実際の知のありさまは静的な知識から完全には予測できない複雑性を持つ．この複雑性をそのまま理論的に定式化するのは難しいので，知を**能力**(competence，静的な知識)と**運用**(performance，知識の実際の使用)という二つの側面に分けて研究することが多い．

　能力と運用の区別は知の探究における標準的なアプローチとして広く受け入れられている．Chomsky 以来の理論言語学も，**言語能力**(linguistic competence)と**言語運用**(linguistic performance)とを区別した上で，もっぱら言語能力のほうを探究してきた．言語の情報処理モデルは言語運用の側面に関するものと考えられる．たとえば袋小路文が言語能力(文法)に照らして正しい文なのに理解できないのは，文法的に可能な解釈の一部しか認識できないためで，それは人間の計算能力が不完全だからである．理論言語学は，言語がいかなるもの(what)であるかを説明するものであり，人間が言語をいかにして(how)処理しているかを説明するものではなかったのである．そして，理論言語学の発展はこの研究方略に負うところが大きい．

　実際の言語運用に見られる複雑さをそのままの形で研究するのは難しいが，言語という現象を言語能力と言語運用という二つの側面に分けることによ

3.4 認知モデルと情報処理

り，研究の見通しが良くなることが期待される．たとえば**中央埋め込み**(center embedding)の深さに関する制限は，**作業記憶**(working memory)の容量の制限に基づいて簡単に説明できる．

中央埋め込みとは，言語表現の中央(左端でも右端でもない)に他の表現が現われることである．たとえば「健の白い車に」では，「白い車」の左に「健の」，右に「に」があるので，「白い車」は左端にも右端にもない．したがって，「健の白い車に」の中央に「白い車」が埋め込まれている．

　　　[太郎は[その[奈緒美が[健の[白い車]に]乗せた]子供を]知っている]

のように中央埋め込みの深い構造は理解も産出も難しいので，実際の言語使用においては中央埋め込みの深さは限定される．この現象は，統語的な情報に関する作業記憶の容量が限定されていると考えることによって説明できる．作業記憶とは情報処理作業のために一時的に使われる記憶領域である．人間の場合にも作業記憶の容量には厳しい制限があり，われわれが一時的に保持できる情報はたかだか7±2個程度の単位(チャンク，chunk)——既知の文字や図形などの情報(へのポインタ)——に限られる(Miller 1956)．たとえば上の例文の「白い」までを入力または出力したとき，「太郎は」「その」「奈緒美が」「健の」「白い」という5個の要素の係り先が未処理なので，文全体の統語的整合性を正しく処理するには，それぞれの要素に対応する情報を作業記憶に保持しておく必要がある．このように，中央埋め込みの深さに応じた量の情報を作業記憶に保持しなければならないので，作業記憶の容量の制限から中央埋め込みの深さの制限が導かれる．

これに対し，中央埋め込みの深さが制限された文法を考えることも理論上は可能である．そうすれば，言語能力と言語運用の区別に依拠せずにこの制限を説明できる．ところが，そういう制限を含む文法はそうでない文法よりも複雑なものとなり，その説明もこれに応じて複雑なものとなる．より単純な文法を仮定し，中央埋め込みの深さの制限を作業記憶の容量の制限から上記のように自然に導くほうが，無駄のない優れた説明と考えられる．

前記の PARSIFAL もまた，先読みの幅を制限することによって人間の計算能力の不完全さをとらえている．しかし PARSIFAL では，言語に関する知識が統語解析の手続きとして表現されており，言語能力と言語運用の区別がない．PARSIFAL のプログラムが複雑なのはその結果である．また，PARSIFAL の

ようなやり方だと，言語表現の理解と産出がまったく異なる知識(手続き)によって行なわれていることになるが，そうすると，人間が理解できる表現と産出できる表現の間に体系的な関係があることを説明するのが難しい．

しかし，言語能力と言語運用の区別に対する反対論にもまた根強いものがある．そうした反対論は必ずしも体系的なものではないが，その背後にある直観は，この区別が一種の形而上学だというものであろう．実際に観測できるのは運用であり，能力のほうは直接観測できない．生成文法では言語能力の外延的定義として文の集合としての言語を考えるが，それは実際に使われる(あるいは使われ得る)文の集合ではない．実際の文ではたとえば中央埋め込みの深さが限定されるからである．

一般に能力と運用が区別できないという理論的な根拠は，推論(情報処理)の結果の適格性(確信度や文法性)と推論の制御とが不可分だというものである．推論結果が適格か否かがカテゴリカルには決まらず，適格性に程度がある場合には，推論の制御と適格性との間に体系的な関係があるはずである．たとえば，適格性の高そうな結論の候補を優先的に調べるというようなことが行なわれているだろう．逆に，適格性を決定する過程は推論であるから，適格性の決定は推論の制御に依存する．したがって，推論の制御法から独立に適格性を定義することはできない．統語的な情報の処理が十分単純なものであれば，文法性の決定を完全な推論の下に行なうことができるから，推論の制御に依存せずに文法性を定義できる．しかし，そのような単純性を要請するのは無理がある．文法性が段階を持つことは理論言語学でも認められているが，そのことが処理の制御との関連で論じられることはほとんどなかった．だが，文法性の程度は人間の言語処理過程における計算の優先度に依存しており，能力と運用とはそこで融合していると考えるのが自然だろう．

ミニマリストプログラム(Chomsky 1989, 1995)(第6巻第4章参照)においては，その融合がさらに必然的と思われる．この理論によれば，言語表現が文法的であるのはそれがもっとも「経済的」な仕方で生成される場合である(この「生成」は文を発話するという意味での生成ではなく，何らかの規則の適用によって構造を作り出すということであり，文の産出と理解の両方を含む)．「経済的」であるとは生成に要する計算量が小さいことだとすれば，もっとも経済的に作られた表現が文法的であるという主張は，認知的な情報処理のコストが

最小の表現が用いられるという意味に解釈できる．つまり，文法的適格性と経済性が結び付くことにより，適格性と処理の優先度との対応関係が強く示唆される．

ところが，言語能力と言語運用とは公式見解では依然として融合しておらず，ミニマリストプログラムはあくまでも言語能力のレベルでの理論を目指している．ミニマリストプログラムが上記のように解釈できるとすれば，それは，認知過程における情報処理の解明にも貢献し，また，工学的な利用価値も高いはずであるが，能力と運用の区別に拘泥し，厳密なコスト最小性としての文法性の概念にこだわりすぎると，こうした可能性に目をふさぐことになる．

(c) 計算と意味

遠い将来，人間と同じように言語を使いこなす自然言語処理システムができたとして，そのシステムはやはり人間と同じように意味を理解していると言えるだろうか．この問いは，形式的な計算から意味内容が生ずるかという問いである．この問いに答える前に，意味とは何か，理解とは何か，という問いに答えておかなければならない(本巻第1章参照)．

自然言語処理，人工知能，認知科学における標準的な立場は，「意味とは関係だ」というものである．これは**機能主義**(functionalism)と表裏一体の関係にある．機能主義とは，知能をそれに応じた機能(function)に帰する考え方である．機能主義に従えば，意味とは，言語表現に対応する心の中のイメージとか世界の事物などのいわば実体的なものではなく，言語の使われ方(発話やそれに応じた行為)である．すると，人間なみに言語を使いこなせる機械は人間なみに言語の意味を理解していることになる．この考え方は，L. Wittgenstein の**言語ゲーム**(language game)——言語の意味はその使用のありさまであり，言語使用の技能を持っているということが言語の意味を理解しているということであるという考え方——に連なり，T. Winograd の**手続き意味論**(procedural semantics)——言語の意味は言語表現に付随して起動される行為(手続き)であるという考え方——や**状況意味論**(situation semantics)における**意味の関係理論**(relation theory of meaning)——発話が行なわれる状況や発話によって記述される状況などの間の関係として発話の意味をとらえる考え方——にも通ずる．チューリングテストもこの考え方に沿うものと言えるだろう．ただし，言語の

使われ方には，たとえば言語による依頼に応じた行為なども含む．その行為は発話に限らないから，もともとのチューリングテストはこの意味で不十分であり，人間なみに言語を理解しているかどうかを判定するには，言語使用能力のみならず物理的な行為の能力も含めたテストが必要となる．S. Harnad (1990) はチューリングテストをそのように拡張し，**完全チューリングテスト**（Total Turing Test）と呼んでいる．

機能主義への主な反対論のひとつとして，機械は**志向性**（intentionality，何かに向かう心の性質）を欠き，したがって知能を持たず，意味を理解しないという主旨のものがある．反機能主義の代表的な論客である J. Searle (1980) もそのような立場に立つ．彼は「中国語の部屋」と呼ばれるつぎのような思考実験を考案した．英語しかわからない人が密室の中にいるとする．そこにはまた，中国語の文字列に対するさまざまな変換操作の方法が英語で書いてある説明書がある．部屋の外にいる別の人が，中国語の文をしたためた紙片を部屋の中に差し入れると，中の人は，その紙片と説明書を見ながら，別の中国語の文字列を作り，外に差し出す．説明書が十分周到に書かれていれば，差し入れられる文に応じたもっともらしい文を作って返すことができるだろう．部屋の外からは，中の人が中国語を完璧に理解しているように見えるはずである．しかし実際には，この人には依然として中国語がさっぱりわからない．ここで，中の人をコンピュータ，説明書をプログラムと見なせば，中国語の部屋は中国語を「理解」する自然言語処理システムに当たる．

つまり，たとえ機械が言語を正しく使いこなせても言語を理解しているとは言えない，知能や理解は機能に帰着できない，というのが Searle の主張である．知能を持ち意味を理解するには，志向的な作用を持つハードウェア，つまり生体の脳のようなものが必要だと Searle は考えている．すると，客観的に記述可能な性質をシミュレートするだけでは知能も意味も生じないことになる．たとえば，「脳のはたらきを神経細胞のレベルでシミュレートするコンピュータは中国語を理解しているのではないか」との反論に対して「コンピュータを上記のような人で置き換えれば，やはり理解は成立していないことがわかる」と Searle は答える．

機能主義が捉える言語の意味とは，言語の使われ方であり，それは客観的に記述可能な機能である．客観的に記述できない私的な感覚などの意味の一人称

的な側面は考慮されない．したがって，三人称的(客観的)に記述可能な機能だけでは意味や理解は生じないというSearleの主張と機能主義とは永遠に平行線をたどるしかないのかもしれない．

哲学者のD. Dennet(1987)は，**志向姿勢**(intentional stance)という概念を用いて，機能主義に近い(あるいは，機能主義よりさらに極端な)議論を展開している．志向性とは行為者の内在的属性ではなく，他の観測者が行為者に対して志向姿勢を持つことによって外側から付与される性質だとDennetは言う．このアプローチでは意味の一人称的な側面を顧みないことがいっそう明確になっており，それゆえに常識的な直観とはなじみにくい面がある．しかし，一人称的な問題がいずれにせよ科学の範疇に入らないとすれば，これはむしろ自然なアプローチと言えるのではないだろうか．

ただし，機能主義で意味を捉えられるかという問題が科学的に反証可能な問いとなる可能性がないわけではない．まず，機能主義は物理的な詳細を捨象して巨視的な機能だけを考えればよいという考え方であり，通常は神経細胞より細かいレベルは捨象されるべき物理的詳細に含まれるが，実はこれを捨象するわけにはいかないという主張もある．たとえば物理学者のR. Penrose(1989)は，結晶の成長などの例を持ち出して，量子レベルの現象が統計的平均化に埋没することなく巨視的な規則性に直結しうることを示し，同様のことが知能においても生じている可能性があると言う．しかし，それが実際にどうやって生じうるかに関する具体的な提案はなく，その可能性は今のところ憶測の域を出ない．

機能主義によって一人称的な意味を捉えることができるかという問いを科学の問題にするためのもうひとつの方法は，一人称の問題と三人称の問題とを三人称的な仕方で結び付けることである．意味や理解にまつわるわれわれの私的な経験は，客観的に記述可能でないため，基本的には科学的アプローチにはなじまないように思われる．しかし，一人称的な現象と行動特性との間には体系的な関係があるらしい．たとえば，自分があるものごとをよく理解しているかどうかは，一人称的に認識できるとともに，そのことに関係する行動の能力に現われうる．一例として，ある数学的概念がわかっているということは，自分で感じることもできるし，その概念を用いて問題を解く能力などにも反映される．また，この一人称的な認識の強さと行動の能力の高さとの間には相関関係

がある．

　さらに，木村(1994)によれば，分裂病などの精神疾患には，一人称的な世界認識と客観的な世界認識との乖離によって生ずると思われるものがあり，それは狂気として行動特性に現われる．その乖離とは，時間を追って次々と生ずる事象の間に有機的なつながりが感じられず，ばらばらの時刻が今，今，今という具合に並んで過ぎ去っていくだけのように見える，などといったことである．同様の現象として，たとえば数学の定理の証明などを読んでいるとき，推論の各ステップはわかるが証明全体の意味がわからないというようなことを，われわれはしばしば体験する．また，そのような形で理解が欠けていることは，その定理を応用する能力の不足などとして行動特性に現われる．

　中国語の部屋に入れられた人も，自然言語処理システムを動かしているコンピュータも，いくぶんこれに似た「体験」をしているのではないだろうか．そうだとすると，中国語の部屋は外の人からも十分な理解をしているようには見えず，Searleの思考実験は無理な前提を置いていたことになる．その次に問われるべきは，中国語の部屋や現在の自然言語処理システムに欠けているのは何かということである．そしてこの問いは，行動特性に反映される科学的な問題として実証的に探究されることになる．

3.5　言語理論と工学的応用

　自然言語処理とは，自然言語に関するさまざまな知見を，何らかの計算理論に基づいて情報処理システムに組み込む試みとも考えられる．しかし，自然言語に関するもっとも体系的な知見であるはずの言語理論は，必ずしも自然言語処理において広く応用されているわけではない．これにはさまざまな原因が考えられる．言語理論の側の最大の問題は形式化の不足であろう．たとえば後述の関連性理論は，十分に形式化されていないために自然言語処理での実質的な応用がほとんど不可能である．

　しかし，もちろん問題は言語理論の側だけにあるのではない．理論の適用可能な範囲が応用の要請と食い違うのは当然であり，理論と実際のこの狭間をいかに工夫して埋めるかが工学者の腕の見せどころである．現存の計算理論で対処可能な文脈の範囲を見定め，それによって達成可能な応用を考えなければな

らない．たとえば，プラン認識に関する理論の一般的な応用は現在の技術では無理だが，領域に特定のプランライブラリのようなものを用意しておくことによって特定の応用に耐えるシステムを作ることは可能だろう．そうしたノウハウが技術として結晶するにつれて，理論が徐々に実際問題に応用されていく．自然言語処理に言語理論を十分応用できるほどにはまだ情報処理技術が成熟していないと考えられる．

　一方，言語理論の発展には人間の認知過程の解明が必要であり，それには情報処理技術の進歩が不可欠である．たとえば関連性の原理やミニマリストプログラムにおける経済性は，認知過程における計算のダイナミックな性質に関わっているだろう．また，一般的な文脈に依存する言語現象に関する理論を客観的に検証するには，常識を工学的に扱えなければならない．自然言語処理と言語理論とが計算理論を通して互いに資することを図るべきだろう．

　言語理論や計算理論は，何らかの現象を何種類かの情報の間の関係として定式化する．たとえば統語論は，語の列が適格な言語表現であるために語の間に成立すべき関係を規定し，それによってさまざまな言語現象を説明する．計算理論をアルゴリズムとして定式化した場合は，入力情報と出力情報の間の関係を定式化することにより，ある現象を情報処理過程として説明することになる．したがって，理論が応用に役立つ条件は以下の四つであろう．

　［現象の重要性］　理論の説明する現象が応用において重要である．
　［設計の単純性］　理論が応用システムの設計を容易にする．
　［計算の容易性］　理論の予測を導くための計算が容易である．
　［入力の利用可能性］　理論の参照する情報が容易に入手できる．

　以下では，自然言語処理の実際的な応用と言語理論との関係をこれらの観点から検討する．

（a）　応用の条件

　［現象の重要性］は，理論から得られる情報の利用価値が高いということである．たとえば前述のように，人間が言語を理解する際には，意味論や一般常識や文脈の情報のほうが統語論よりも利用価値が高いと考えられる．しかし実際には，統語論の非常に基本的な部分は，コンピュータによって言語を解析する際に広く応用されている．そのひとつの理由は，ブローカ失語症に関する前記

の実験が示すように，言語理解において統語論の重要性が高い場合もあるということである．もうひとつのさらに重要な理由は，常識や文脈などの一般的な情報をコンピュータで扱える形に定式化し，コンピュータに入力し，処理させるための技術が成熟していないのに対し，統語的な情報は表層の文字列から機械でも比較的簡単に抽出でき，しかもやはり一般的な情報よりも簡単に処理できるということである．つまり，統語論の基本的な部分は前記の[設計の単純性]，[計算の容易性]，および[入力の利用可能性]をよりよく満たす．また，少なくとも情報処理技術が未熟である間は，これらの条件(特に[計算の容易性]と[入力の利用可能性])が満たされないため，コンピュータによる自然言語処理は人間による言語使用とは異質のものであり続ける．

　統語論のうちで実用的な自然言語処理技術においてもっとも広く応用されている部分は，下位範疇化(subcategorization)だろう．下位範疇化とは，動詞や形容詞がどのような形の項と結び付くかに関する情報である．たとえば「食べる」という動詞の下位範疇化はガ格の助詞句(名詞句＋ガ)とヲ格の助詞句との組として規定される．下位範疇化の情報に含まれない助詞句は，原則としてその動詞に係ることができない．たとえば，「りんごを食べる」が適格な文であり，「りんごへ食べる」が非文であることがこれによって説明される．1文中に述語が二つ以上現われるとき，助詞句がどの述語に係るかに関して曖昧性が生じることがあるが，下位範疇化を用いてその曖昧性を解消できることがある．たとえば

　　　子供に赤いりんごをやった．

においては，「子供に」が「赤い」にではなく「やった」に係ることがわかる．このような処理は，コンピュータによる自然言語の解析において広く行なわれている．

　しかし，下位範疇化だけでは曖昧性が解消できないことも多い．たとえば3.1節で触れたように，「毛が大きい頭に生える」という場合，「毛が」が「大きい」に係る(大きい毛なるものが頭にあってその頭に何かが生える)のか「生える」に係る(大きい頭に毛が生える)のかについて，下位範疇化は何の手がかりも与えてくれない．統語論は言語の部分的な側面をとらえるものでしかないのだから，こうした限界があるのは当然のことである．そしてやはり当然ながら，統語論が役に立たない場合には言語理論の他の部門が役に立つはずである．

自然言語理解における統語的な曖昧性の解消には，下位範疇化のほかに選択制限が用いられることが多い．

下位範疇化や選択制限が広く利用されているのは，それらが前記の4条件をすべて満たす(応用の場面で有用な場合が多く，実現が簡単で，理論が参照する情報が簡単に入手でき，理論の予測を導くための計算が簡単である)からである．しかし，言語学における高度な理論の多くは四つの条件のいずれかを満たしておらず，実際には自然言語処理技術にあまり応用されていない．以下ではこのような事情について検討しよう．

(b) 現象の重要性

言語学の理論の多くが自然言語処理に応用されない第1の理由は，工学的応用における有用性と言語学上の学術的な意義とが一致しないために，理論が[現象の重要性]を満たさないことである．住所や時間の表現(「〒305 茨城県つくば市梅園1丁目1番4号」はよいが「1丁目1番4号梅園茨城県つくば市〒305」はおかしいとか，「1995年9月24日の午前8時ごろ」はよいが「1995年9月の午前8時ごろ」は変だとかということなど)，句読点や区切り記号(括弧やダッシュ)，アンダーラインやフォントの切り換えなどの処理は，工学的応用においてきわめて重要だが，少なくともこれまでの言語学では重要と考えられていない．逆に，言語学的には興味深いが実用上は重要でない現象も多い．

たとえば

　　私が買った本

という名詞句の中の関係節「私が買った」に欠けている目的語の先行詞(antecedent)は「本」である(つまり，その目的語の意味は「本」と同じものとなる)．また，

　　健に，私は奈緒美が会ったのだと思う．

という文の中の「奈緒美が会った」という埋め込み文に欠けている間接目的語の先行詞は前置された「健に」である．このように，「消えた」統語的要素を**空所**(gap)と言う．(ここでの「空所」は，意味的には項があるはずなのに統語的にはない，という直観的な意味で用いている．) **寄生空所**(parasitic gap)とは，他の空所に依存して意味を持つ空所である．たとえば，

　　読まずに買った本

の「読まず」と「買った」はいずれも目的語の空所を含むが，後者を空所でなくして

　　読まずに行った本

とすると座りが悪くなる．「読まずに買った本」の「読まず」の目的語の空所は「買った」の目的語の空所に寄生していると考えられる．以下の例に見られるように，英語ではこの対照が鮮明である．

　　　the book that I bought t without reading e
　　＊the book that I went without reading t

ここで t と e はそれぞれ空所と寄生空所を表わし，＊は容認不能性を示す．

　空所は実際の言語使用に頻繁に現われるので，空所がどのような場合に可能となり，その先行詞が何であるかに関する理論は，応用においても重要である．特に，以下のような表現の生成を避けるためには，そのような理論が必須である．

　　＊the book which I know the man who bought t

しかし，寄生空所に関する理論は，工学上の応用においてはほとんど利用価値がないと思われる．理解の際に寄生空所を含む表現が入力されることはほとんどないし，産出においては寄生空所を使わなくてもすむだろう．

(c)　理論の一般性

　大雑把に言えば，頻度が低い特殊な現象に関する理論（[現象の重要性]を満たさない理論）は応用における利用価値が低い．しかし正確に言えば，[現象の重要性]を満たさなくても[設計の単純性]をよく満たせば利用価値が高いこともある．良い言語理論は，言語現象に関与する頻度の高い一般的な原理の間の相互作用の結果として特殊な言語現象を説明する．そのような理論を使えば，特殊な現象を処理するために特殊な仮定を導入する必要がなくなるから，良い理論は工学的なシステムの設計を簡単にする．

　たとえば，以下のような現象を説明するために「寄生空所は主語の空所には寄生できない」という仮定を考えたとしよう（この仮定は一般には正しくない）．

　　　a girl whom I talk to t whenever I see e
　　＊a girl who t talks to me whenever I see e

これは寄生空所が現われる場合にしか使えないから，良い理論ではない．寄生

空所に関する良い理論は，寄生空所がない場合にもあてはまる一般的な原理から寄生空所に関する現象を説明する理論である．そのような理論は，工学的な利用価値が高い(少なくとも邪魔にはならない)可能性がある．

語用論(pragmatics，言語とその使用者や使用の場面との関係を論ずる言語学の部門)においてそのような一般原理に基づく説明を試みるアプローチとして，**関連性理論**(relevance theory)がある (Sperber & Wilson 1986)．関連性理論によれば，**関連性**(relevance)の高い情報とは人間の心的状態に大きな影響を及ぼす情報であり，発話は，聞き手にとって関連性の高い情報をなるべく小さな処理の労力によって伝達するように行なわれる．これを**関連性の原理**(principle of relevance)と呼ぶ．ただし，この原理自身はまだ十分形式化されていない(特に処理の労力の定義が曖昧または不備である点に関して関連性理論への批判は多い)ため，コンピュータに実現することが困難であり，今のところ [設計の単純性] を満たさない．

関連性の原理を形式化するには，たとえば**ゲーム理論**†(game theory)のような(合理的な知的行為者たちの間の相互作用に関する一般理論であるという意味で)さらに一般的な理論を用いることになるものと思われる．ゲーム理論は完全な推論能力を持つ行為者を仮定することが多いので複雑な計算を含む自然言語処理一般に応用するのは困難だが，単純な場合ならば用いることができる．たとえば，

Bob scolded Tom.

He was angry with the man.

という談話において，第2の文の 'he' が Bob を指し 'the man' が Tom を指すという解釈のほうが逆の解釈よりも優先されるということは，つぎの仮定からゲーム理論的な考察によって説明される (Hasida 1996)．

- Bob が第2の文で言及される確率 P_1 は Tom が第2の文で言及される確率 P_2 よりも大きい．
- 代名詞 'he' を処理する際の効用(労力が小さいとかという意味での経済性) U_1 は確定名詞句 'the man' を処理する際の効用 U_2 よりも大きい．

前者の仮定は，主語の指示対象は目的語の指示対象よりも後続文脈において顕在性(saliency)が高いなどの事情から支持される．確率とは，聞き手にとっての事前確率であり，関連性の単調増加関数である．また，処理とは発話および

解釈のことであり，効用とは話し手と聞き手の効用の和である．詳細は省略するが，言語使用者はこの効用とコミュニケーションが成功する（話し手が意図した意味を聞き手が理解すること）確率とを何らかの形で合わせた値を最大化することを望むと考えられる．そして，話し手と聞き手がともに Bob と 'he' および Tom と 'the man' の組合せを選択する場合と，ともに逆の組合せを選択する場合とを考えると，いずれもコミュニケーションの成功率は 100% だが，それ以外の期待効用は前者では $P_1U_1+P_2U_2$，後者では $P_1U_2+P_2U_1$ だから，$P_1 > P_2$ と $U_1 > U_2$ より，前者の期待効用のほうが大きい．実は，確率的な行動まで含めた他のあらゆる行動の組合せを考えても，前者の期待効用が最大である．

代名詞などの照応に関しては，主として自然言語処理の研究者によっていくつかの理論 (Sidner 1983; Joshi & Weinstein 1981; Walker et al. 1994; Suri & McCoy 1994) が提案されており，いずれも上の例題に関して同様の予測を導く．しかし，それらの理論は意味付けが不明確な概念を導入しており，理論がどのような直観に基づいて構成されているのかがわかりにくい．微妙に異なる詳細を比較して理論の優劣を評価することも絶望的であるように思われる．これに対して上記の説明は，これらの理論に共通の核をゲーム理論に基づく一般的な原理から導き出している．

さらに，言語特有の知識だけでなく，一般常識を含むあらゆる情報を確率と効用に反映させることができる．たとえば，

　　Bob insulted Tom.

　　He got angry with the man.

では先の例とは逆に 'he' が Tom を指し 'the man' が Bob を指すが，これは，一般常識によれば第 2 文の意味として「Tom が Bob に腹を立てた」のほうが確率が高いからである．先に見たのは名詞句に関するゲームだが，文に関するゲームなども同時に行なわれ，実際の言語使用は，すべてのゲームにわたる期待効用の和を最大化するような仕方で行なわれる．この例では，一般常識に基づく際立った確率の差が文の特定の解釈の効用を著しく高め，その解釈が優先されるのである．

このように，ゲーム理論的なアプローチは照応などにまつわるさまざまな曖昧性の解消を，意味が言及される確率や言語表現の経済性に帰着することにより，［現象の重要性］と［設計の単純性］を満たすから，応用においても利用価値

の高いものとなる可能性がある．ただし，本当に応用されるにはさらに[計算の容易性]と[入力の利用可能性]を満たさなければならないが，以下に述べるように，それは非常に難しい．

(d) 計算量

　理論の予測を導くための計算が複雑すぎて実際問題として完全には実行できない([計算の容易性]が満たされない)ことはしばしばある．そのような理論は小規模な例にしか適用できない．上記の照応の説明も，一度に考慮すべき表現と指示対象の個数が小さい場合にしか，さしあたって実際問題としては適用できそうにない．特に，複雑な構造を持つ言語表現や意味表現に一般化することは困難な研究課題である．

　意味論を形式化する際には一般的な記述能力が要請されるため，計算量の問題がほとんど必然的に生ずる．**モンタギュー意味論**(Montague semantics) (Dowty et al. 1981)や状況意味論(Barwise 1989)などの，論理学を用いた形式的な意味論(第4巻第2章参照)では，さまざまなタイプの意味論的対象として言語表現の意味を与える．たとえば，動詞の意味は事物から真理値への関数として，文の意味は真理値として定義されるという具合である．(可能世界意味論では，可能世界からそうした意味への関数を考える．)

　しかし，このような意味論を額面通りに用いるということは，論理的に全知(logically omniscient)の言語使用者を前提するということであり，現実的でない．そのような意味論は，大規模な工学的応用に用いることができない．自然言語の意味論の中で自然言語処理に広く応用されているのは前述の選択制限ぐらいのものであり，意味論の一般的な部分は何らかの形で制限した上でしか使えない．また，冗長な発話，負荷の小さな表現の選好など，人間の限定合理性に由来するさまざまな語用論的現象は，論理的全知を前提する意味論に基づいて説明できない．

　ただし，これらは情報科学の側の課題であって言語理論の問題ではない．一般的な記述能力を持つ体系は意味論にはいずれにせよ必要であろう．形式意味論が[計算の容易性]を満たさないのはその理論が悪いからではなく，情報処理技術が未熟だからである．一般的な記述能力を持つ記号体系の振舞を現実的な計算量の範囲内で近似する方法は人工知能や自然言語処理に限らず，情報科学

における重要な研究テーマであり，その成果を得て初めて，言語理論の研究成果の多くが工学的に応用可能となる．そのような方法を手にするには，ハードウェアの進歩を含めた技術革新を待たねばならない．

　統語論が要請する計算量は意味論のそれほど大きくはないが，それでもやはり先進的な統語論が[計算の容易性]を満たすことは困難である．理論言語学の統語論においては，言語表現の範疇は，**素性構造**(feature structure)を持つ複合的なものと考える．素性構造とは，素性(属性と値の対)の集合である．たとえば，'he'の範疇は，〈品詞：名詞〉，〈格：主格〉，〈人称：三人称〉などの素性の束として表現される．最近の統語論では，ほとんどの統語的知識を素性構造に関する制約としてとらえ，統語構造を作る規則に当たるものはせいぜい 2,3 個程度しか用いないのがふつうである．このような素性構造の概念が形式化され，明示的に用いられるようになった 1980 年代以来，自然言語処理でも，素性構造を用いた統語解析などの基礎研究が行なわれてきた．しかし，素性構造の間の **単一化**†(unification)は一般問題としては大きな計算量を要する作業であり，実用的な効率を達成するのが難しい．特に，選言(disjunction)を含む構造(たとえば，'you'の格は主格または目的格である)の単一化は計算量が大きい．このため，実際の応用の場面では，先進的な統語論を宣言的(計算の制御に関する特別な情報を含まない)な形のまま完全に実現するのは現実的でないので，扱う統語的現象を限定してアドホックな手続きを用いることが多い．

　この問題は，意味論の場合と同じく，言語理論の不備というよりは，主として情報処理技術の未熟によるものと考えられる．これに関して言語理論に不満を持つのは見当違いだろう．多様な統語的制約の間の相互作用を扱うためには統語論を宣言的な形のままで処理する必要があるが，そのための技術はまだ成熟していないのである．宣言的な情報を効率よく処理する技術は主に二つの部分からなると考えられる．ひとつは構造共有(計算の重複の回避)の一般的な方法であり，もうひとつは宣言的意味と一般的な制御の方略のみに基づく効率的な計算の制御の方法である．前者についてはかなり解明が進んでいる(Haruno et al. 1993; Hasida 1994)．

　より難しいのは後者だが，これについてはたとえば，句構造の制約の処理と素性構造の制約の処理との相互作用に関する研究(Maxwell & Kaplan 1993; Nagata 1994a)が手がかりになるだろう．この研究によって明らかにされたの

は，句構造規則と素性構造の制約を同時に処理するよりも，素性構造に関する制約の一部を句構造規則と同時にまず処理し，その後で素性構造に関する制約の残りを処理したほうが効率がよいということだった．句構造規則と同時に処理すべき素性構造の制約の一部とは，品詞や格の素性など，範疇の性質を大雑把に規定する素性に関するものである．これは，「エントロピー（得られる情報量の期待値）の大きな演算を優先せよ」という一般的な制御の方略の具現例と見なすことができる．もちろん，演算のエントロピーをいちいち正確に評価するとかえって計算量が大きくなってしまうので，計算の制御用のうまい近似的評価法を見出すことが研究課題となろう．

　計算量に関しては言語理論のほうも変革を遂げる必要がある．つまり，文法的適格性の概念と情報処理の制御とを言語理論において結び付けることにより，計算的に扱いやすい文法が得られるだろう．すでに 3.4 節(b)で述べた通り，ミニマリストプログラムのように文法性の規定の中にコストのような概念を用いるアプローチにおいては，とりわけその必然性が高い．

(e) 入手不能な情報

　言語学における意味論や語用論が自然言語処理に応用しにくい原因は，常識を工学的に扱う技術が成熟していないということである．それは，ひとつには上述の計算量の問題として現われ，もうひとつには文脈の情報をコンピュータに十分認識させられない（[入力の利用可能性]が満たされない）という問題として現われる．

　[入力の利用可能性]が満たされないために言語理論の応用が限定されることは多い．たとえば前述の選択制限を考えよう．「毛」が大きさを持たないということは文脈に依存しにくい性質であるから，「毛が大きい頭に生える」の「毛が」が「生える」に係るということは，文脈によらず安定して予測できる．

　しかし，選択制限の多くはもっと不安定である．たとえば，「食う」の動作主はふつうは生物であるべきだが，「この車はガソリンを食う」のような比喩ないし擬人化は可能である．こうした文脈依存性の高い選択制限は，厳密な規則としてではなく，**ヒューリスティクス**(heuristics, つねに正しいとは限らない蓋然的な経験則)として扱わねばならず，個別の場合におけるその振舞は文脈のさまざまな情報に依存することになる．しかし，人間の言語使用者が用いて

いる非言語的文脈の情報のごく一部分しかコンピュータに与えることができないため，一般には正確な予測が難しい．

同様のことが照応の処理についても言える．3.5節(c)で述べた照応の理論の予測は一般的な文脈の情報に依存して変動することになっているが，ここでもやはり文脈の情報が十分に使えないために，その変動の正確な予測は不可能である．ただし，選択制限も照応の解消も，多くの場合はコンピュータに与えやすい情報を使って行なえるので，実用的な利用価値は十分にあることを付記しておく．

もちろん，たとえばプラン認識のように，文脈の情報がもっと重要な役割を果たす場合もある．プランの考え方は，ロボットの行動のプランに関する研究に端を発して人工知能で盛んに用いられるようになったものだが，言語使用も一種の行為であるから，やはりプランの考え方が適用できる．プラン認識の考え方を敷衍することにより皮肉や嘘を説明することもできる．しかし，プラン認識は非言語的な文脈に依存する度合が高いので，実際の応用に結び付けることは難しい．「時計ある？」という例でも，たとえば話し手が時計を見せてもらうことを望んでいないことはいくらでもありうるが，それは一般的な文脈に依存しており，現在の技術では予測不可能である．

常識を工学的に扱えないというのは，第1に，常識が工学的に利用可能な形に表現できていないということであり，第2に，上述の通り，一般的な記述体系を多様な文脈に動的に依存して柔軟に近似的に処理する技術がないということである．さらに，たとえ常識の表現法が確立され，処理が原理的に可能となっても，常識を人手で記述し尽くすのは不可能だろう．常識を工学的に利用可能なものとするには学習が必要であり，それにはコンピュータに身体的経験をさせる必要があるように思われるが，いずれにせよこれは，自然言語処理に限らない人工知能の一般的課題であり，当分の間は解決されそうにない．

(f) 理論を使わない理論

世界の多様性を人為的なプログラミングによって明示的に扱おうとすると，まさにその多様性のゆえに過設計が生じ，システムの挙動が柔軟性と適応性を欠き，設計が複雑化して効率が低下する．人工知能の課題は，いかにして過設計を避けつつ多様な文脈へのシステムの適応能力を高めるかに尽きる．自然言

語処理においても同様である．最近の自然言語処理では，人手で明示的に記述された理論をなるべく使わず，生のデータに近いものを直接用いようとする傾向が強いが，これは知識表現の過設計を回避する試みと見なすことができる．

その最初の例として，音声認識技術の推移が挙げられる．20年ほど前までは，人間の発声器官の物理的形状を電気回路によってモデル化する方法なども研究されていたが，はかばかしい成果が上がらなかった．ところがその後，音声の周波数スペクトルから直接抽出した特徴に基づき，オーソドックスな統計的推定でモデルを学習する方法が用いられるようになって，認識率が大幅に向上した．これは，発声の原理に遡る恣意的なモデルから，周波数スペクトルという生データへのシフトと見なすことができる．

一方，形態素解析(音素の列や文字の列を単語列として分析する作業)や統語解析でも，コーパス(生データ!)から統計的推定によって学習した確率モデルを用いるアプローチが1980年代の末ごろから盛んになり，莫大なマンパワーを投入して人手でコーディングした文法を用いる従来の方法を上回る(あるいは引けを取らない)性能を，はるかに小さな開発コストで達成している(Church 1988; Jelinek et al. 1990; Pereira & Schabes 1992; Nagata 1994b)．また，名詞(のクラス)と動詞(のクラス)の各組の係り受けの可能性をコーパスから学習する研究も行なわれている(Brent 1991; Grishman & Sterling 1992)が，これは(下位範疇化に加えて)選択制限も学習していることになる．(係り受けデータの抽出には人手による解析が必要なので，代わりに，単に同一文中に含まれる名詞と動詞などの組合せを用いることもある．)このようなコーパスに基づくアプローチは，出来合いの言語理論がない話し言葉については特に有効である．

データが疎(sparse)で統計的学習が困難な，もっと一般的な人工知能の問題に関しては，**事例に基づく推論**(case-based reasoning)(Schank 1982; Stanfill & Waltz 1986)と呼ばれる方法が提案されている．自然言語処理でこれに相当する方法として，前述の事例に基づく翻訳がある．

では，自然言語処理は今後ますます言語理論や認知科学から遠ざかり，生データへの依存度を高めていくのだろうか．必ずしもそうではないだろう．

たとえば，コーパスに基づく自然言語処理が高度な言語理論を用いていないことには，そういう理論に確率や類推を導入して効率的に処理する技術がまだないという消極的な理由もある．そうした技術に関する研究が進み，理

論と生データをバランスよくシステムの設計に生かすことができるようになるのが自然言語処理研究のつぎの段階だろう．そうなる可能性は随所に見られる．たとえば，統計に基づき理論を使わないアプローチの最右翼として，**決定木**[†](decision tree) を学習してこれを文法の代わりに用いる統語解析の方法 (Magerman 1994) があるが，よく見ると，その決定木は言語理論で用いられている素性構造との間でほぼ等価変換可能であり，決定木中のひとつの経路がひとつの素性構造にだいたい対応する．

また，生データからの学習に基づく現在の音声認識技術は，雑音のない環境で特定の話者が一定の調子で発する音節や単語を聴き分けるというような文脈を限定した作業においては人間を凌ぐまでになったが，一般の音環境で不特定話者の多様な発話を聴き取る能力においては人間に遠く及ばない．また，コンピュータによる形態素解析は，文章の種類を限定すれば人間のそれに劣らない精度を示すが，たとえばエラーを多く含む文章に関してはやはり人間にかなわない．こうした能力を実現するには，単なる生データからの帰納だけでは不足であり，学習の前提となる強力な知識が必要と思われる．なぜなら，進化の結果として人間が生得的に持っている前提と同じものをコンピュータに学習させるのは，

(1) 計算時間がかかりすぎる．
(2) 情報処理機構が違うので同じ前提に達するかどうか疑わしい．
(3) 情報処理の効率などに関して中立的な前提については人間と同じものを学習するのはほとんど不可能である．

などの理由により現実的ではないと考えられるからである．その前提を抽出するには，言語学や認知科学を通して人間を研究する必要がある．

第 3 章のまとめ

3.1 典型的な自然言語処理システムは，形態素解析，統語解析，文脈解析，非言語的推論，生成プランニング，表層生成，形態素生成という処理のモジュールを直列につないだ構成を持つ．

3.2 しかし，曖昧性の効率的な解消にはこれらの処理を融合する必要があり，モジュールの区分は不自然である．

第3章のまとめ

3.3 制約や事例や統計に基づく方法に見られるように,最近の自然言語処理は,一貫して過設計を避ける方向に進んでいる.

3.4 大規模な電子化辞書やコーパスの整備により,意味や文脈に関する実証的な研究への道が拓けつつある.

3.5 多くの場合,自然言語処理では正解が唯一に決まらない文脈依存性の高い問題を扱っているので,技術の評価が難しい.

3.6 言語処理過程に関する抽象的な情報処理モデルと,それを具体的にプログラムしたものとの違いに注意する必要がある.

3.7 知に関するさまざまな研究分野に共通の難問が限定合理性から生ずる.

3.8 言語能力と言語運用との区別は,限定合理性に関する研究の進展に伴って解消する可能性もある.

3.9 自然言語処理は客観的に観測可能な行動に反映される限りにおいての意味と理解を扱うが,意味や理解にはその範囲を越える側面があるかもしれない.

3.10 言語理論を工学に応用するには,現象の重要性,設計の単純性,計算の容易性,入力の利用可能性などの条件をその理論が満たさねばならない.

3.11 これらの条件を満たすには,言語理論だけでなく,情報処理技術や計算理論の発達が必要である.

4
言語科学の提唱

4 言語科学の提唱

【本章の課題】

　本巻のこれまでの3章では，言語とは何かという問いかけから始まり，伝統的な言語学での言語への取り組み方と，情報科学の立場からの取り組み方を見てきた．この最後の章では，言語の研究を「科学」の一分野としてとらえることに対する積極的な理由付けを行ない，本叢書をなぜ，「言語の科学」として企画したのかということを明らかにしたい．

　本章では，まず4.1節で，近代科学を例にとって一般に科学とは何であるかを概説し，科学と科学でないものとを区別する基準を考えることにする．その上で4.2節で，科学としての言語の研究の特徴を考え，自然科学との類似と相違を指摘する．4.3節では，言語科学に関連すると思われる他の科学，ならびに，科学と密接な関係をもつ工学と科学との関連について触れる．最後に，4.4節では，今までの近代科学の枠組が，人間を対象とする言語の科学の場合にそのままの形で有効なのかどうか，限界があるとしたらそれは何か，またその限界を越えるにはどのように取り組んでいったらよいのか，という問題を考えることにしたい．

　以下では，言語学や自然科学の技術的な詳細には立ち入らないが，いくつかの用語は詳しい説明なしで使うことがある．必要に応じて，随所に挙げておいた，他の巻の該当する章や参考文献を参照されたい．ただし，本章を読むのに，自然科学，特に物理学の個々の事例について正確に理解しておく必要はない．あくまでも，それに対応する言語学の事例に対する参考にすぎないので，言語学的な内容が理解できれば本章の理解には十分である．

4.1 近代科学と言語科学

(a) 科学とは何か

第1〜3章で見てきたように，言語という存在には様々な規則性を見ることができる．同様に規則性に注目する研究分野に，自然界の規則性を対象とした「物理学」がある．物理学は自然現象を研究対象とし，自然科学の代表的な分野とされている．（「物理学」はphysicsの訳語であるが，この語の本来の意義からは「自然学」ないし，「自然科学」と訳す方が適切である．アリストテレスの著作の中でも，自然現象の記述に関するもののタイトルは『自然学』となっている．）

一方，言語の研究は，日本では従来，文学研究などの隣でなされることが多かった．だからといって，言語の研究が，（日本的な）「文科系」の枠の中にとどまるわけではない．むしろ，言語の研究対象は，すでに見たように，「規則性」という性格において物理学の研究対象と似かよっている．また，以下に述べるように，研究方法においても，他の典型的な人文系の学問とはかなり性質を異にする点が多いことを指摘することができる．

本章のタイトルが物語るように，言語研究の特徴として強調したいことは，**科学**(science)であるということである．しかし，誤解を招く前に断わっておくが，今，ひき合いに出した文学研究が非科学的であるというつもりではないし，「科学的」ということに何らかの崇高な価値感を付随させているわけでもない．

ここで言う科学とは，いわゆる「近代科学」のことであり，主に西欧で19世紀までに完成された方法論，あるいは，複数の「科学者」といわれる人間の集団による営み(enterprise)の一つを指している．ここで「営み」という言い方をしたのは，科学は，個人よりも団体としての行ないという特徴をもつためである．そのため，芸術のように一人の天才に依存する部分は（比較的）小さいし，個人の頭の中だけで完結しているような，単なる思弁には終わらないことが多い．文学研究にも科学的な性格をもつ研究もあるが，芸術としての文学の研究であれば，それは科学研究とは別の種類の研究であるということになる．

簡単な例をとってみると，力学に対して，紀元前のアリストテレスは，物体

は力を与え続けないと運動を停止すると述べた．これは，摩擦のある面上をころがる物体の観察に基づく限り，正しい一般化のように思える．しかし，実際には，力が働かない限り物体は現在の運動を続けようとするのであり，16, 17世紀の G. Galilei は実験によりそれを立証した．これは Galilei の慣性の法則と呼ばれる．さらに，一般的な運動方程式を中心とした力学の体系にまとめ上げたのが，それからほぼ1世紀後の I. Newton である．

　このように，今日の力学の成立には，たしかに，何人かの天才の力の助けがあったが，ここで強調したいのは，天才の助けがあって成立した体系を，後の時代の人間は，天才でなくとも，学んで理解できるということである．例えば，科学者であるとともに芸術家でもあった天才 L. da Vinci の科学者としての側面については，われわれが学ぶこともできるが，彼の芸術家としての側面に関しては，後世の人間が学んで再現するということは不可能だろう．われわれがいくら勉強しても，モナリザを描くことはできないのである．

　ここに科学の本質的な特徴があると言える．科学は後の時代の人間が理解し，模倣することができる．人類に新しい知見をもたらす段階では数人の天才を必要とすることがあるかもしれないが，いったん得られた知見は皆で共有することができるのである．そのおかげで，今日，ニュートン力学は高校生にも教えることができるようになっている．

　科学のもつこのような特徴を分解してみると，次のような細分化された性質が統合されて成立していることがわかる．

　　客観性　科学の対象・方法は特定の人間に依存する部分が小さい．
　　再現性　科学の結果は特定の時間・空間に依存する部分が小さい．
　　普遍性　科学の結果・方法は特定の地域に依存する部分が小さい．

これらによって，科学の**蓄積性**(accumulativity) とでも言うべき性質が出てくる．先人の業績を完成された姿で継承し，そこから出発して，後世の人間はその上に積み重ねるという作業だけをすればよいということが可能になるのである．

　以下では，これらのそれぞれの性質がどのような形で科学の成立に関与してきたかを考えていくことにする．ここで強調したいのは，科学の特質はその研究方法論にあるのであり，必ずしも研究対象にあるのではない，ということである．そもそも日本語の「科学」という訳語は，本来は「学科」と同じく，

> **Scientist と Philosopher**
>
> 英語で scientist という言葉ができた 19 世紀においては，それまでの philosopher に比べて，この言葉はひどく評判が悪かったという．-er (や -or) という語尾に比べて，-ist というのはより狭い範囲の職人的なニュアンスがあると受け取られたらしい (村上 1994)．確かに，指揮者は conductor であり，個々の楽器の演奏家は pianist や violinist と呼ばれる．言語学者は linguist だが，物理学者が physicist であり，心理学者が psychologist であるのと同様に，個別科学の科学者は皆 -ist となるようである．ただ，医者が physician であり，論理学者が logician であるのと同様に，文法家が grammarian であるのは何か理由があるのだろうか．

一つ一つの学問分野を指すものであったという (佐々木 1996)．また，英語の science は「知」を表わすラテン語に由来しており，科学者 (scientist) という言葉が一般化する前は，科学の研究者はギリシア語源の「知を愛する人」という意味の philosopher と呼ばれていたということからも，「科学」「科学者」ともに「知」に従事する学問，研究者という意味あいでとらえるべきなのである．

対象の客観性

言語の研究の世界にも，ご多分にもれず，歴代の偉大な言語学者という存在があった．しかし，このような人たちの存在がそのまま研究の個人依存性を物語るものではないことは，物理学の世界にも偉人たちが数多くいたということから明らかだろう．

言語学は，他の人文系の学問に比べて，客観性の程度が高い．それは研究対象が言葉であるということからくる．ここで，明確にしておきたいのは，同じように言葉を研究対象にしているかのように見える文学研究においては，実は研究対象は言葉そのものではなくて，言葉を通して伝わってくる作者，ないしその作者の思考である (ことが多い) ということである．例えば，作者も作られた時期も，作られた場所すらも明らかでないような「文学作品」を研究するということがあるだろうか．ないとは言えないだろうが，多くの文学研究者にとっての第一の関心は「作者」ということになるのではないだろうか．

したがって，テキストが電子的な手段で書かれるようになる前の作品においては，しばしば「自筆原稿」というものが注目される．1996 年に松尾芭蕉の

『奥の細道』の「自筆本」(松尾 1997)が発見されて話題になったことは記憶に新しい．「自筆」という具体的な存在が尊重されるということは，対象が言葉という抽象的な存在である場合には考えられないことである．『奥の細道』の場合，すでにテキストは後の写本でわかっているのであるから，「自筆本」に関心を示す研究者はテキスト（言葉）よりも作者に関心があるのだと言えよう．（もちろん，自筆原稿と後の写本との異同を調べるという書誌学的関心もあるだろう．この場合には関心はテキストという抽象的な存在であって筆跡などの具体的な存在ではないと言える．）

　言葉そのものの研究にも，それが誰によってどこで発話されたか，ということが関心の対象になることがある．社会言語学の研究の中にはその傾向があるかもしれない．しかし，社会言語学の場合でも，研究の対象は一義的には言語の形式である．「なぜ，このような形で言われるのか」を研究するのであり，「なぜ，このような内容を言うのか」を研究するのではないのである．

　言語の形式というものは，一般的に言って客観性が高い．聞きとれない音や読めない文字というものがあるかもしれず，人によって音の聞き取り方や文字の読み取り方が異なることもないわけではないが，多くの場合，何を研究しているのかという研究対象に関しては，研究者の間に誤解があることは少ない．これは言語が基本的にデジタル情報であるという性格からくる．言語の基本的な媒体である音は物理現象として見ればアナログ信号であるが，実際に各個別言語において使用する「音声」はそれらを抽象化してデジタル化したものである．したがって，文字の場合はもちろん，音であっても，言語記号は基本的にデジタル信号であると言うことができる．

　デジタル情報の特徴は，雑音に強く，例えば，コピーによって劣化することがないということである．そのため，言語情報は昔からコピーという形態で流通するのが普通だった．特に，木版印刷，さらに J. Gutenberg による活版印刷法が普及した後では，書物は完全にコピーという性格をもつことになった．同じ版型を使って刷ったものは，印刷のかすれなど，言語が使用される環境に存在する雑音の影響を無視すれば，まったく同じテキストになる．人によって読み取りの誤差が出るということもないのである．現在・将来の電子化テキストにおいては，それがさらに徹底され，テキストは，文字コード（および属性を表わすタグ）の列に変換することによって，媒体に依存しない形で，完全に

同じものを共有することができるようになってきている．この点においては，基本的にアナログ量を相手にしている物理学の実験の測定の場合に必ず誤差が伴うのと大きく事情が異なる．デジタル情報である言語には誤差の入る余地がない分，少なくとも素材を得る段階では，より客観性が高いと言える．

　再び文学研究の場合と比較してみると，例えば「作者は何を言いたかったのか」というような問いは，その答に無限の可能性がある点で，物理学の測定誤差以上の大きな揺れがあり得る．同じ文字言語による資料を用いている場合でも，いわば，書いていないことを研究するのが文学者であるのに対して，書いてあることしか研究しないのが言語学者であると言えよう．これが，言語の形式に研究対象を絞るという性格をもつ言語研究の特徴である．これは言語資料の匿名性と言ってもよい．どんな資料であれ，それが言語資料である限り，同じように価値を認めるのである．

　もちろん，研究対象の客観性が保証されたからといって，研究そのものの客観性が自動的に保証されるわけではないが，少なくとも出発点が違ってしまっているという落とし穴に陥る危険は避けることができるだろう．

　ただ，ここで一つ注意しておきたいのは，4.2節(e)で触れるパラダイム依存性という問題である．自然科学の研究がパラダイム(paradigm)に依存するという主張はKuhn (1962)以来，かなり一般的になってきているが，言語学の場合にもその傾向は多分にある．その結果，言語学者が関心をもって取り組む言語現象はたまたまそのときのパラダイムに向いたもの(つまり，解きやすいもの)になりがちである，という点は忘れてはならない．その意味で，研究対象の客観性は，あくまでもその時代のパラダイムの中での客観性という限定条件の下で考える必要がある．(4.3節(b)で触れる，工学系研究者からの理論言語学に対する批判も，工学者のパラダイムからくる関心と理論言語学者のパラダイムからくる関心とが食い違っているためという面がある．)

方法の客観性

　では，研究方法の客観性はどのようにして保証されるのだろうか．ここでも文学研究と物理学を両極端において言語研究の性格を考えてみることにしたい．

　物理学の理論にも，あらゆる素粒子を1種類の紐(string)の振動のパターンで説明しようとする紐理論のように，少なくとも現在の技術では，実験によ

って確認することができないような，高度に抽象的な理論もあるが，もっと日常的な現象を説明する理論は，適度に整った設備さえあれば，一定の訓練をうけた人間ならば**誰でも**実験によって検証することができる．ここで大事なのは「誰でも」の部分である．文学の場合には，誰でも優れた文学評論を書くことができるというわけではない．文学研究の場合に書かれる評論は，物理学実験の結果として書かれる論文とは異なり，文芸的な，あるいは芸術的な行為の産物である．そこには，通常，その著者にしか書けない部分がある．いわゆる「名人芸」である．

　自然科学の論文においては，そのような名人芸から脱脚することが求められる．そのため，自然科学の世界では"something new-ism"（村上 1994）というような単純明解な前提が基本にある．論文の評価は，その文体などでなく，その中で発表する事柄の新しさによって行なわれる．内容が周知の事実でなく，科学者たちが共有する知識の体系に何か新しいことを付け加えるものでないといけないのである．そのため，最先端の分野では，通常の査読では時間がかかるため，"letters"という形で短く緊急に発表する形を併用したり，掲載のきまった論文には受理年月日を明記したりすることも行なわれるし，最近では，投稿中のものを個人的にインターネットを介して公表するということもある．

Something new

　"Something new"というのはいうまでもなく，「何か新しいもの」ということだが，英語では，結婚のときの贈り物として，次の4種類のものを一つずつ贈るとよいという言い伝えがある．

　　something old
　　something new
　　something borrowed
　　something blue

　科学の論文においても，"something old"と"something borrowed"は，先人の研究に敬意を払い，先行研究に負うことを明記するといういましめと解釈できるが，"something blue"とは何だろうか．アメリカ発音では"blue"は"new"と脚韻を踏んでいるので，それに倣うと，新奇性と頭韻を踏む，真剣さ(別名「青くささ」)を忘れてはいけないということだろうか．

言語学の論文は，このような自然科学の論文に性格が近い．一定の訓練を受け，その訓練を消化した人間ならば誰でも書くことができる．もちろん，言語学の論文の中にも読むに値しない論文はあるが，これはたいてい論理がおかしいのであって，例えば文章が下手だとかというレベルでの問題ではない．そのため，言語学の論文は，査読という過程を経て掲載するという形をとっている雑誌が多い．これも，論文のよしあし，あるいは端的に言って論文の「正しさ」を第三者が客観的に判断することができるからであろう．これに対して，優れた文学評論家を訓練のみによって作り出すことは困難だろう．もって生まれた天賦の才能という面が大きいのではないかと思う．

また，自然科学と同様に，いくら論理的に正しいことを主張している論文であっても，それが，言語学者たちの間ですでに共有されている知識の一部にすぎないのならば，学界に貢献するとは考えられない．ただし，言語現象は究極的にはわれわれ人間がすでに(無意識に)「知って」いることなのだから，まったく誰も知らなかったことを「発見」するということはまずない．例えば，J. Ross の博士論文(Ross 1967)には，**等位構造制約**(coordinate structure constraint)という，次のような文の非文法性を説明する制約が提案されているが，このような文の悪さ自体は Ross が初めて発見したのではなく，英語の話者ならば誰でも知っていたことである(次の文の冒頭の＊は悪い文(後に言う「非文」)であることを示す)．

(1) ＊Who did you see Mary and?
　　　(あなたは《メアリーと誰》を見ましたか？)

Ross の論文における "something new" は，「このような現象は一般に and のような等位構造を作る接続詞で結ばれている句から何かを取り出したときに起こる」という形にまとめたこと，さらに，英語には他にもいくつか異なった構造条件のもとで成り立つ，同じような制約があること，そして，多かれ少なかれ，他の言語にも似たような，構造に依存する制約があることを人々に気付かせたことである．自然言語に，抽象的で一般的な構造に基づいて記述される制約があるという観点は，伝統文法にはもちろん，Ross 以前の生成文法にもなかった考え方であった．

Ross の論文から 30 年余りを経て，今日の生成文法では**制約**(constraint)という考え方は文法の中の基本的な概念となっている(本叢書第 5 巻および第 6

巻参照）．そのため，まったく新しい種類の制約でない限り，自然言語に「制約」があるということを現在主張しても「新しさ」はない．自然科学と同様に，最初にそれを「発見」した人間のみが功績を讃えられるのである．

結果の再現性

　研究方法が客観的であるということは，第三者が再現できるということを意味する．物理学の実験の場合には，第三者が追試できることが重要であり，たまたまある結果が出たと報告しても，追試ができなくては信用されない．（中谷(1958)には，科学の対象となり得ない極端な例として，一度測定に使えば壊れてしまうような物差しがただ一つしかない状況で測った「長さ」が挙げられている．）当人以外に再現できなかった1980年代末の「常温核融合」騒動を思い出せばそのことは明らかだろう．

　言語学の場合にも，同じデータを用いれば誰でも同じ結果が出るような研究方法をとっていることが要求される．そのために，あまりにも不十分なデータで恣意的な結論を出しているかのように見える研究は信用されない．文学評論において独創性が評価されるのとはこの点においても異なるのである．例えば，日本語の起源についての論争が絶えないのも，一つには文字が生まれる以前の話なのでデータの絶対量が少ないということがあるだろう．（だからといって，

「常温核融合」事件

　通常，核融合にはたいへんな高温と高圧が必要とされており，核融合によってわれわれに熱と光を供給してくれている太陽の表面の温度は6000度，中心部のそれは1500万度と言われている．人間が人工的に起こすことができる核融合は，現在のところ，水素爆弾のみだが，これは高温と高圧をウランによる原子爆弾の核分裂によって作り出している．核融合を発電などの平和的な応用に使うのが難しいのは，長時間にわたって安定して高温・高圧を維持するのが難しいためである．

　1989年にアメリカの大学の2人の学者が記者会見を開いて，室温で核融合反応を起こすのに成功したと発表したが，彼らは，その詳細を論文の形で公表せず，後にごく短い論文（それも間違いだらけと言われる）を書いただけなので，他に追試に成功した研究者が出なかった．本人たちもその後追試をしておらず，現在では「常温核融合」を信じている研究者は少ないという．

データの量を増やそうとして，各地の方言を恣意的に付け加えたり，現代語や外来語をこっそり紛れこませたりすることがあってはいけないのはもちろんである．)

物理学の追試に直接対応するものは言語学には存在しないが，データとして提示された例文の判断が繰り返し問題にされるということはある．これは，4.2節(b)で述べるように，言語学の論文ではデータとなる例文を自分で作り，しかも自分で判断することがあるからだが，これは，言語の研究の中に，うっかりすると主観性が入りこんでしまう可能性のある危険な落とし穴でもある．ただ，論文という形で例文の判断を公表する以上，その読者は誰でも，いわばその場で自由に追試を行なうことができ，必要ならば異議を唱えることもできる（郡司 (1995) 参照）．その点で（社会的・政治的な配慮を除けば）結果の再現性はある程度保証されていると言えるだろう（この点については本巻第 2 章参照）．

結果・方法の普遍性

物理学の研究で追究する法則はこの宇宙全体で通用する法則である．このような普遍的な研究対象に対して地域に依存する研究方法というものが存在して通用するとは考えにくい．事実，物理学の研究方法に文化や人為的な国境による違いは存在しない．また，そのために，日本人が留学によって物理学を学び，学んだことを生かして自分の国に帰って研究を続けることにも何の問題もないのである．

言語学も事情はまったく同じである．言語というと，文化に依存する現象の最たるもののように思われるかもしれないが，20 世紀後半の言語学は，言語の個別的な特徴よりも，それらに共通する普遍性を追究するようになってきている．個々のデータは具体的な個別言語から採集するしかないが，多くの言語学者にとって一番関心があるのは，その個別言語そのものの振舞いよりも，そこから浮かび上がってくる人間の言語の一般的な性質である．このような関心を共有している言語学者たちの関心の対象を**生成文法**(generative grammar) という．(「生成」という誤解を招きやすい命名のために，生成文法というと何か特殊な文法理論のような印象を与えるかもしれないが，「近代科学」と同様の「近代言語学」という程度の意味あいで使われることを意図されている用語である．ただ，後に述べるように，現在の生成文法の一部はその関心の対象や前

提にやや特殊なところがあり，必ずしも近代的な言語学の研究者全員の間で共有されているとは限らないということは断わっておきたい.)

　さらに，言語学の研究方法そのものも，近代科学と同じような，普遍的な方法に立脚している．ただし，近代科学そのものがまったく西欧的な産物であり，その影響下に発達した近代言語学も西欧的な存在にすぎない，という論法が成り立つとしたら，現在の言語学にも一定の限界があるということになるだろう．近代科学の成立過程については数多くの科学史の研究書が出ているので，詳しくはそれらにゆずるが(例えば，Butterfield 1957; Kuhn 1962; 村上 1982; 佐々木 1996)，本章の筆者は，科学の評価はその生誕地でなく，その成果によって成されるべきである，という立場に立つものである．その点で，近代言語学の方法論によって，日本語なら日本語という個別言語の性質が十分に明らかになったのであれば，その方法論には普遍性があったと言ってよい．実際，日本人がアメリカ留学中に書いた博士論文などから優れた日本語の研究が多く出たという事実はこのことを裏付けている．

(b)　科学でないもの

　「ノストラダムスの予言」というものがある．一時かなりもてはやされたが，最近でもときどき思い出したように取り上げられることがある．1999年7月に地球が滅亡するという「予言」が有名だが，他にも様々な最近の出来事を予言しているらしい．一説によると，1996年のプロ野球パシフィック・リーグおよび日本シリーズの覇者，オリックス・ブルーウェーブの優勝も予言していたという．もちろん，この類いの「予言」は単なる語呂合わせであることが多く，オリックスの優勝についても「オリックス」という和製外国語がノストラダムスの著作に出てくるわけではない．オリックスのマスコットである「ネプチューン」(Neptune)が出てくるにすぎないが，これは要するに海の神なので，海に関係する何かのチームが何かに優勝すればノストラダムスが予言したと言うことができてしまうことになる．

　この種の予言の特徴は，必ず何か事件が起こってから「予言していた」という過去形で発表されるということである．もちろんノストラダムスはオリックスの優勝よりずっと前にネプチューンに関する詩を書いていたのだが，その詩をオリックスの優勝と関係付ける後世の人間が現われたのはオリックスの優勝

オリックス優勝の詩

ノストラダムスが 1996 年のオリックスの優勝を「予言」したという詩は *Centurie* III, I の詩で，Nijweide (1996) から引用すると次のようになっており，Neptune の勝利を唱っている（下は一緒に掲載されている，Leoni (1961) による英訳）．

　　APRES combat & bataille nauale,
　　Le grand Neptune à son plus haut befroy:
　　Rouge aduersaire de peur viêdra pasle,
　　Mettant le grand Occean en effroy.
　　　After combat and naval battle,
　　　The great Neptune in his highest belfry:
　　　Red adversary will become pale with fear,
　　　Putting the great Ocean in dread.

この詩のプロ野球的解釈をテレビ番組で提供してくれた芸人（北野誠）の名誉のために言っておくと，番組ではあくまでもジョークとしてこの種の語呂合わせを披露していたのである．「赤い敵」というのはもちろん相手チームのヘルメットの色を表わしている．実際，ノストラダムスの全 10 篇 942 の詩からなる *Les Centuries* （各篇に 100 の詩を集めたのでこの名があるが，第 7 篇のみ 42 詩）には Neptune は 6 回登場しており，それをいちいち野球の場面に置きかえて読めば，オリックスの 1 年が完全に占えるかもしれない．

ちなみに，この手の「予言解読」は，中世ヨーロッパに広まった，ユダヤ教の伝統を引くという，カバリズム (cabalism) という神秘主義の影響が感じられ，アナグラム (anagram, 文字の並べ替え) と数字の当て嵌めを駆使しており，言葉遊びとしては面白い面がある．カバリズムなどの中世神秘主義については，例えば，村上 (1982) 参照．

後のことなのである．

　科学に基づく「予言」は，もちろん，事件が起こる前になされないと意味がない．そのため，地震の予知はいまだにできないとされている．もちろん，「日本のどこかで，今から 1 か月以内にマグニチュード 3 以上の地震が起きる」というような「予言」ならばおそらくあたるのだろうが，地域と時期を限定しない限り，また，大きな被害が出ると予想される大きなマグニチュードの地震を予言しない限り，そのような予言は役に立たない．また，1995 年の阪神淡路大

震災のような大きな災害の後で,「そういえば,数日前から犬が吠えていた」というような「徴候」を指摘するのも,犬が吠えることと地震が起きることとの共起に加えて,犬が吠えないことと地震が起きないこととの共起も立証しない限り,意味がない.犬は毎日吠えるものかもしれないのである.

科学における「説明」は一般に演繹的である.できるだけ少数の仮定だけを置いて,そこから論理に従って出てくることのみを主張する.議論の途中で勝手に前提を付け加えたり,変更したりすることは許されない.その結果がたまたま未発見の事実であれば,それは「予言」ということになり,後に実験や観察で確かめられることになる.

ここで何かを予言することになっても,それは論理の積みかさねの結果であり,ひらめきとか「神の啓示」などは排除される.また,現象が起きてからその原因を探るということはあるものの,現象の後で語呂合わせ的な説明を作りだすのではない.これらは一言でまとめると,ブラックボックスの存在を極力否定するということである.もちろん近代科学にもまだわかっていないことは多いし,あまりにも小さいために,あるいはあまりにも大きいために,実験で直接確認できないことも多いが,飛躍をできるだけ少なくしようとするのである.

擬似言語学でしばしば見かける後付けの説明は語源に関するものである.民衆語源説 (folk etymology) というものがその典型的な例であるが,「ネコ」はいつも寝ているから「ネルコ」が縮まったものであるなどという類である.ここまでばかばかしいと誰もが冗談だと思うが,これが自分がよく知らない言語や,自分の言語の古い形であると,いちおうの権威のある人間の言うことならば,あるいはもっともらしければ,「ああ,そうなんだ」と信じてしまいがちである.しばしば,古代の日本語と,英語を含むインド・ヨーロッパ語から隣の国の言語まで,外国語との親戚関係が主張されてきているが,このような錯覚に基づくものでないか注意が必要である.

4.2 言語科学の特徴

では,対象を言語に特定した科学である言語科学とはいかなる科学なのか,具体的にその特徴を考えてみよう.前節で述べたように,研究方法については

近代科学と同じ面が多いが，物理学を代表とする近代科学との一つの大きな違いは，研究対象が物質でもエネルギーでもなく，情報であるということである．

自然科学が対象としてきたもののうちで，物質というものは一番わかりやすいだろう．何よりもたいてい目に見えるし，さわれることも多い．エネルギーは少し抽象的になるが，それによって機械が動く場合には間接的に目で見ることができるし，熱エネルギーの場合には直接感じることもできる．

情報というのはその点一番わかりにくいかもしれない．そのままでは目には見えないし，それによって動く機械はコンピュータの登場まで待たなくてはならなかった．またコンピュータが「動く」といっても車が動くのとは違い，目で見てわかるというものはせいぜい光の点滅のようなものにすぎない．

情報は，端的にいって，人間にとって意味のある信号である．信号そのものは物理的に様々な形をとり得るし，同じ情報を互いに等価な様々な形態の信号で表わすこともできるが，人間にとって意味のない信号は単なるノイズ（聴覚的とは限らない雑音）である．意味のある信号を人間が解釈して初めて情報になるのである．

ここで情報の性格付けに用いた「意味」という言葉は，ある人々にとっては「科学」とは相容れないものであったらしい．例えば，20 世紀の半ばに N. Chomsky が生成文法を提唱するまでアメリカ合衆国において支配的だった言語学の研究法である**アメリカ構造主義**(American structuralism)，および，それに大きな影響を与えていた**行動主義**(behaviorism)心理学においては，「意味」のような，人間の頭の中にのみ存在し，直接観察できないものを科学にもちこむことはタブーであった．今の時点で振り返れば，これは「科学的」ということに対する大きな誤解であったということになる．

科学的ということにとって直接観察できるかどうかということは本質的ではない．もしそうならば，素粒子論におけるクォーク理論も，宇宙論におけるビッグバン理論も科学ではないということになってしまうだろう．これらを多くの科学者が神話と区別するのは，理論自体に内的整合性があり，他の理論とも矛盾しないからである．

「意味」の問題も同じであり，人間の頭の中にしかないからといって科学の研究対象とならないわけではない．20 世紀の半ばの生成文法は，まさに人間の頭の中にしかないものを科学の研究対象としてよいという前提から出発したの

である．（ただし，Chomsky が研究対象としたのは人間の頭の中にある統語構造を作り出す能力であり，「意味」はほとんど対象としていない．）

　もっとも，言語科学が他の自然科学と必ずしも同じようには考えられない点もある．そのような事情の存在が言語の研究を自然科学と同一視することを妨げているのかもしれない．以下では，言語科学が近代科学と共有している考え方とともに，言語科学の特殊性を明らかにすることによって，言語科学の科学としての性質を考えることにしたい．

（a）　自然と人間

　研究対象としての言語の場合の際だった特徴は，「人工言語」というものの存在である．物質を対象とする科学では，「自然物質」と「人工物質」という言い方をすると奇異に響くくらい，物質としての性質に違いがあるとは考えられていない．もちろんプルトニウムのような自然には存在しない元素を原子炉で人工的に作り出すことはあるが，それに適用される物理法則がウラン以下の元素に適用される法則と異なるわけではない．

　人工言語の場合はかなり事情が異なる．そもそも人工言語という存在がさほど一般的でないのに加えて，今までに作られた人工言語は，人間同士の日常のコミュニケーションのために自然言語に代わって使われることを前提としたものではなく，エスペラントのように人間同士の共通語として作られた言語のような例外はあるものの，その使用率は自然言語に比べてはるかに低い．人工言語は，数学的な議論を行なうため（論理言語），人間が機械に指示を与えるため（プログラミング言語），機械同士がコミュニケーションをするためなどの，非常に限られた用途・使用環境のために設計されたものである．そのため，自然言語がもつ性質のすべてを備えているわけではなく，そのごく一部を実現しているにすぎない．したがって，自然言語とまったく同じ規則性が成り立つわけではなく，別の体系となっていることが多い．

　それに対して，自然言語の場合は，人工言語とはかなり異なった原理が前提となって成立している．ここでは，「自然」の中に人間が含まれており，「自然対人間」という対立図式でなく，「人間対機械」あるいは「人間対人間以外の動物」という対立図式が前提とされているのである．そして，自然言語の問題は，それを使用する人間，つまり自分たちについて，まだよくわかっていない

ことが多いということから発する．そこで，通常，自然言語に対してある程度の簡略化を行なった上で研究を行なうが，簡略化しすぎ，人工言語になってしまっては意味がない．このような場合の方法論のモデルとして考えられるのが，物理学における質点（質量はあるが大きさがない仮想的な点）や真空（何もない空間だが厳密な意味で実現することは不可能なもの），理想気体などの理想化された物理的存在である．Galilei の慣性の法則は摩擦も空気抵抗もない真空の中でしか厳密には成り立たないが，理想化したからこそ法則として抽出できたのである．

言語の研究においては，まず，個人差を捨象して得られる，一定の集団に共通した部分を研究対象として定める．特に，20世紀の初めに F. de Saussure がそれまでの通時的研究（言語の変化などの歴史的研究）一本槍の立場から，共時的研究として，同時代の言語の研究の重要性を訴え，自らの研究対象を**ラング**(langue)と呼んで**パロール**(parole)と区別してから，言語研究の対象にある種の理想化が公然となされるようになった．

空間的に均一な言語集団を設定するのと別の次元で，時間的に均一な言語の話し手・聞き手を設定することも行なわれる．一個人の言語も場合によって揺れが大きいので，そのような差を捨象する必要があるのである．Chomsky は自らの生成文法を「理想的な話し手・聞き手」(ideal speaker/hearer) の頭の中にある知識の理論であるとした．これはあくまでも「知識」であり，実際にその通りの行動をとるとは限らない．言語におけるこの二つの側面が**言語能力**(competence)と**言語運用**(performance)であり，Chomsky は（当面の）研究対象を前者としたのである．

その意味で，近代言語学において得られる一般化に対しては一定の限定が付くことは避けられない．しかし，それは，Galilei の慣性の法則が摩擦力のない状態でしか成り立たないのと同じ性質の限定であり，理論そのものの価値を下げるものではない．近代科学の成功は思い切った省略による近似によるところが大きいが，同じことは近代言語学にも言えるだろう．

(b) 観察と実験

次に，近代科学で一般的な手法である，観察・観測→仮説→実験という一連の手続きについて考えてみよう．言語学においても観察は行なわれる．ただ

し，他の自然科学との違いを挙げれば，自然現象の観察の場合にはその現場に行かないといけないが，言語現象の場合には，必ずしもその現場，すなわち発話の場にいないといけないというわけではないということがある．これは，自然現象の場合には，観察したことを言葉によって記録したものは2次的なデータにすぎないのに比べて，言語現象の場合は，現象そのものがすでに言葉として存在するという性格の違いによる．4.1節(a)で述べた言語情報のデジタル性，それに裏付けられたコピー可能性としての性格から，言語情報は可搬的(portable)であり，どこでも観察できるという特徴をもっているのである．

　自然科学の場合には，通常，観察から一歩進んで，観測という形になることが多い．すなわち，何らかの形で数値化して記録するという作業が付け加わるのである．言語現象の場合にも分野によっては統計的な処理を行なうことがある．しかし，言語学の法則が，少なくとも現在の段階では，Newtonの運動方程式のような形で記述されていないために，数値データをとることが言語現象の観察の場合に絶対に必要だというわけではない．その意味では，言語科学の場合には，「観察」はあっても「観測」はまれであると言えよう．

　では実験はどうであろうか．物理学や化学の場合には，自然現象が起こるのを泰然と待つよりも，実験室でも起こり得るように規模を小さくするなど，積極的に環境をコントロールして現象を再現することがある．言語現象の場合も，期待したデータが印刷資料や録音素材にない場合には実験的手段を用いることがある．もちろん現象を再現するのは人間であるから，人間を相手に聞き書きを行なったり，ある程度の人数にアンケート調査を行なったりというのが通常取られる方法である．（このようなタイプの「実験」に問題がないわけではない．4.4節(c)参照．）いうまでもないことだが，単純な言語素材を得るだけならば，特別の実験装置は必要としない．紙に書いてもらうアンケートならば必要なのは印刷装置と紙だけであるし，音声データをとる場合にも録音機材が必要なことくらいだろう．

　もう一つ，一種の実験なのだが，近代言語学，特に生成文法において特徴的な実験法がある．物理学でも用いられることがある「思考実験」である．これは自分自身に対する聞き書きあるいはアンケート調査であると言うこともできる．また，本節(a)で述べたように，問題としている言語現象の均質性が保証されていれば，言語データには統計的な処理をするほどの量が必要なわけでは

ない(郡司 1995).たった一人のデータでも十分役に立つことがあるのである.また,生成文法では言語の普遍性を仮定し,研究目標を人間の言語に共通の性質を解明することとしているので,ただ一つの言語を研究していても人間の言語に関する一般化が得られるという前提に立っている.その意味で言語学者はもはや博言学者(数多くの言語を知っている人)ではないのである.

また,実験とデータの取り方にも独特のものがある.物理学の実験の場合には,確かにその現象が起こることを確認する場合が多いが,言語学の実験(上の意味の一人で行なう実験も含めて)の場合には,その現象が起こらないことを確認する場合も同様に重要である.すなわち,当該の理論からは誤りであることが予測される言語表現をわざと作り,確かにそのような表現が誤りであると判定されることを確認するのである.このような表現が一見文の場合には,「非文」と言うが,いわば,「存在しないもの・存在してはいけないもの」に意味を見出す特異な方法論をとるのが言語学の場合の実験の特徴であると言える.

(c) 妥当性のレベル

このようにして得られた実験結果から,言語学ではどのような理論を組み立てるのだろうか.その具体的な形は,本叢書の後の巻に呈示されていくので,ここでは触れないが,本節では,理論が一般にどのような観点から評価されるかを解説しておきたい.これらのなかには言語の科学に限らず一般に科学に通用するものもあるだろう.

本節(b)で,言語学においても観察がなされることを述べた.数値データを得るような観測ではないにしても,定性的な観察の結果,例えば,当該言語の中での可能な言語表現と不可能な言語表現の一覧が得られる.言語学に与えられた使命は,この可能性と不可能性とを仕分ける包括的で一般的な基準を呈示することである.

特に,対象とする言語現象が,個々の音よりも大きな,単語ぐらいの要素の並び方の問題である場合は,もっぱら**統語論**(**構文論**, syntax)の問題となる.統語論という研究分野はしばしば**文法**(grammar)とも呼ばれる.専門的には,「文法」は統語論だけでなく意味論と音韻論をも含むが,生成文法のもっぱらの関心が統語論にあったということから,理論化が最も進んでいるのは統語論である.そのため,「文法」という用語がしばしば狭い統語論の意味に使われ

ることがある．文法というと，伝統文法や学校文法などの「文法」も存在するが，これらは本叢書で対象としている言語の科学の範疇には入らない．**規範文法**(prescriptive grammar) と総称される，このような文法は科学たり得ないのである．

　規範文法の一番の問題は観察の欠如ということである．規範文法が成立した当初は現実の言語現象の観察に基づいて文法が作られたのだろうが，いったん規範としての地位を獲得してしまうと，現実が変化しても文法の方は変わろうとしない．規範文法は言語が変わるということを認めないのである．

　特に問題なのは，規範文法は文法的な「正しさ」を主張するということである．例えば，「見る」の可能形は「見られる」が「正しい」ということが規範文法では主張されるが，それは何かの一般的な原理によって「正しい」ことが証明されているのではなく，単に歴史的にわれわれより一つ前の世代がそう言ってきたということが根拠になっているだけなのである．歴史のある時点で「見る」の可能形が「見られる」という形になったのは偶然にすぎない．これを根拠に「正しさ」を主張するのは，物理学の対象で言えば，地球が太陽系の第3惑星であることを根拠に，高等生物が生息できる惑星は必ず第3惑星に限られるということを主張するのに似た無意味な主張である．

　理論が実際に観察される事実と合っているかどうかという基準で理論の妥当性を判断する場合，そのような妥当性を**観察的妥当性**(observational adequacy) という．規範文法は上述のように観察ということを拒否しているために，観察的妥当性を満たしていない．すなわち，現実と合わない，間違った文法なのである．

　もちろん，観察的妥当性は最小限の要請でしかない．次の段階である**記述的妥当性**(descriptive adequacy) を満たさない限り近代的な理論とは言えない．自然科学から例をとると，プトレマイオスが完成させた天動説が記述的妥当性を満たさない典型的な例である．太陽や月，惑星，恒星などの動きを観察すると，第1近似としては地球のまわりをそれらが円軌道を描いて回っているというモデルで正しく記述できるように思える．しかし，惑星が一見戻るような動きを見せるということが観察的妥当性を満たしてくれないために，惑星は，円軌道にそった円軌道という，何重にもなる周転円なるものを想定した軌道上を回ることになった．これに対して，コペルニクスの地動説は，地球も他の惑星

と同じく太陽のまわりを回るとしたものだった．ただし，このコペルニクス的転回は実は不徹底であり，実際の楕円軌道でなく，円軌道に固執したために，観測データとの一致度は低く，観察的妥当性においては周転円を駆使した天動説とさほど変わらなかったらしい．

　しかし，記述的妥当性という観点からは，天動説と地動説とには大きな違いがある．それは，もっぱら言語学で使われている言い回しで言うと，**意味のある一般化**(significant generalization)を提供しているかどうかという点においてである．地球が動いていると仮定しようと，太陽が動いていると仮定しようと，Galileiの相対性原理に基づけば，要するに座標系のとり方の問題であるから，等価である．その意味では，地動説と天動説とを観察的妥当性だけから区別することは原理的にはできない．しかし，太陽を中心に置いた太陽系のモデルの方が一般化という観点から優れているのである．天動説の時代には太陽の大きさや質量はわかっていなかったかもしれないが，現在の知識から考えると，地球よりはるかに大きな質量の太陽が中心にある方が自然であるし，地球を含む惑星の軌道を楕円に変えるだけで，ずっとよい精度で観測事実と合うことがわかっている．このような場合に，われわれは「正しい」理論に近づいているという実感をもつのである．さらに，当時発見されていなかった海王星や冥王星の存在を予測し得たということが地動説（およびニュートン力学）の優位性を決定的にした．

　言語学の場合も事情は似たようなものである．対象とする現象が限られている場合には，あるゆる文の一覧表を用意するというような「文法」でもそここの近似にはなるであろう．もう少し洗練させると，品詞という概念を導入して，同じ品詞に属する単語は同じ振舞いをするという前提の下に，品詞の列として文を定義できるかもしれない．伝統文法はだいたいこの程度の文法記述でもってこと足れりとしている．

　ここに決定的に欠けているのは，構造という概念である．すでに，本巻の第1章で論じられているように，自然言語は階層性という特徴をもっている（郡司(1994)も参照）．具体例の一覧表や，（品詞という抽象化が入るにせよ）1次元のパターンによって階層性を表わすことはできない．近代言語学と伝統文法との決定的な相違は，この，抽象的な「構造」を設定するかどうかという点にある．

さらに次の段階の**説明的妥当性**(explanatory adequacy)に至ると，問題意識は半ば哲学的になる．観察的妥当性が研究対象が「何」であるかということに関する妥当性であり，記述的妥当性が研究対象を「どう」記述するかということに関する妥当性であるとすると，説明的妥当性は研究対象が「なぜ」そうなっているのかということをどれだけ説明できるかということに関する妥当性であると言えるだろう．言語の場合の「なぜ」は，「なぜ人間だけが言語を話せるのか」および「なぜ人間はみな言語を話せるのか」という問題である．

　自然科学において，説明的妥当性が問題にされることがあるのかどうかはわからない．例えば，Newton の万有引力の法則がなぜ距離の 2 乗に反比例するのか，なぜ地球に人類が誕生したのか，などの問題である．A. Einstein の一般相対性理論は重力の起源を説明しようとした理論であるかもしれないし，Hawking (1988) に述べられている**人間原理**(anthropic principle)は，なぜわれわれが太陽系の第 3 惑星に誕生したのかを説明してくれるのかもしれない．た

人 間 原 理

　人間原理というのは「なぜ，われわれは今ここにいるのか？」という問いに対する答の一つである (Hawking 1988)．「弱い人間原理」は「なぜ，宇宙は 150 億年前にできたのか？」という問いに対して，「ビッグバンから高等生物が進化するまでにはそのくらいの時間がかかるのだ」と答える．つまり，150 億年たってようやくそういうことを考える人間が誕生したのだということである．

　「なぜ，宇宙はこのような形をしているのか？」という問いに直接答えるのは「強い人間原理」である．それは，「もしそうでなかったら，われわれのような知的生物が誕生してこのような問いを発することもなかっただろう」というものであり，何だかはぐらかされたような感じをもつかもしれない．宇宙は人間に観測されるために誕生した，と言っているとも解釈できる原理である．

　本章の筆者の理解するところでは，この原理は結局人間の存在を偶然の産物と位置付けるものではないかと思う．一部の選民思想にあるように，神がわれわれを特に選んで造ってくれたのではなく，太陽系の第 3 惑星という位置がたまたま生命の生息に適していて人間のような生物も誕生することができたというのであろう．

　したがって，もし人類が誕生せずに，他の生物，例えば恐竜が高度な知能をもっていたら，きっと同じような問いを発し，恐竜界の S. Hawking がそれを「恐竜原理」と名付けていたに違いない．

だし，これらを「説明」とは認めない研究者も多いだろう．

　人間が，そして人間のみが言語を話せるということはおそらく事実であろう．人間と同じように言語を使用する人間以外の動物は発見されていないし，人間と同じように言語を話すコンピュータを作ることはまだ夢物語である．なぜそうなのかという問題に対する解答は「人間原理」ならば与えることはできるかもしれない．人間のみが言語を獲得したからそのような問いを発することができ，実際発しているのだ，と．しかし，それは説明的原理と言えるのだろうか．

(d) 還元主義

　近代科学の研究対象に対するアプローチは「分析と総合」という形にまとめることができる．ブラックボックスをなくすとしたら，箱を空けて，中をのぞき，中に何があるかを見ることになる．その場合，一見複雑な体系となっていても，それを一つ一つ分解していって自分たちが理解できる言葉で記述する．この場合の前提は，分解したものを組み合わせると再び元のものができるということである．

　物理学では，物質については，古代ギリシアのデモクリトスの原子モデルに起源を求めることができる，このような還元主義的考え方が一般的であった．本来「分解できないもの」という意味であった原子(atom)にも内部構造があることが長岡半太郎の原子模型などで提案され，E. Rutherford によって実験的に確かめられたのが 20 世紀の初頭である．それによると，原子は原子核とそのまわりの電子とからなり，原子核はさらに陽子と中性子とからできている．

　しかし，陽子と中性子とを結びつける力の説明のためにさらに粒子が必要になり，湯川秀樹が中間子を提案し，後に(湯川の予言したのとは別の)中間子も実験によって確認された．その後，さらに様々な「素粒子」が予言ないし発見され，「素」ということの意味があやふやになった．現在では，直接実験によって「粒子」として存在が確認できたわけではないものの，数種類の基本粒子の組み合わせで素粒子のすべてを説明しようというのが「標準理論」となっている．(素粒子論の標準理論では，荷電粒子の電磁相互作用以外に，弱い相互作用と強い相互作用をする粒子(陽子，中性子など)を 6 種類のクォーク(quark)の組み合わせで，弱い相互作用しかしない粒子(電子など)を 6 種類のレプトン(lepton)の組み合わせで作り出す．この 6 種類同士が互いに綺麗な対称性をな

している.)

　言語学にも「標準理論」の時代があった.1950年代に提案された生成文法の1960年代半ばから数年間の時代をいう(Chomsky 1965).この時代の理論における文法は,大雑把に言って,語彙部門と統語部門とからなり,後者にはさらに句構造規則と変形規則とがあった.この中の句構造規則は,アメリカ構造主義の時代からの**直接構成素分析**(immediate constituent analysis)を踏襲しており,文を還元論的に分解して考えるものである.すなわち,文は,**構成素**(constituent)に分解され,さらに構成素は単語に分解され,究極的に単語は形態素に分解される.

　生成文法の多くの研究者にとって主要な関心事とはなってこなかったが,意味論においても,すでに19世紀から哲学者G. Fregeによる**構成性原理**(compositionality principle)(「Fregeの原理」とも言われる)があった.これは,文の意味は,その構成素の意味を組み合わせて作られるという考え方である.

　音韻論においては,形態素を形作る個々の音を問題にするが,ここでも還元論的アプローチがとられる.まず,その言語で使われている音の一覧表を作り,形態素の音をそれらの基本となる音(分節音)の列として表現する.音の場合には,個々の音を単純に並べたのではできの悪い電子的合成音のように不自然なものになるので,そこに超分節的なイントネーションやストレスを重ね合わせるが,これも分析と総合の考え方に沿ったやり方である.

　構造主義の言語学では基本となる音を**音素**(phoneme)と名付けて,各個別言語は有限の音素の集合をもつとした.これは18世紀末までに確立した化学の「元素」の考え方を模範としたのかもしれない.音素はいくつかの共通の性質によって何通りかの類に分類され,子音・母音の区別,摩擦音・破裂音などの区別,有声音・無声音の区別などがなされたが,音素をそれ以上に分解はしないという点で,音素表は19世紀の元素の周期表と同じような限界をもったものであった.

　個々の元素の性質は長岡の原子模型のようなモデルを設定することによって,さらに還元化を一段進めたレベルでの説明が可能になる.100近くもの元素の化学的性質の違いは,つまるところ,その元素を構成する原子がもつ電子の数に依存するのであり,それ以外の原因を考える必要がなくなったのである.

4.2 言語科学の特徴

音素についても20世紀後半に同じような発想の転換があった．R. Jakobsonたちによる**弁別素性**(distinctive feature)の考え方である．これは音を調音的特徴および聴覚的特徴によって性格付けるもので，音そのものを物理的に分解するわけではないが，人間が音を発したり聞いたりする過程を抽象的に分解したものである．音も空気の振動という物理現象であるが，言語音の場合にはあくまでも人間の感覚・運動器官との関係において基本的要素が定義されるという点が違う．しかし，還元主義に立っていることは同じである．

このような還元主義の利点は，まず，理論を経済的に作ることができるということであろう．100種類の異なるものの組み合わせに代わって，陽子・中性子・電子というわずか3種類のものの組み合わせで地球上のあらゆる物質の性質が説明できる可能性があれば，その可能性を追究するのが近代科学であった．

さらに，本節(c)で触れた，記述的妥当性という観点からも，元素で物質の性質を考えるよりも，原子以下の要素で考える方が，より広範囲に適用できる一般化が可能となる．例えば，周期表で表わされるような繰り返しがなぜ現われるのかという点に関して，元素をそれ以上分解しない理論では何の解答を与えることもできないが，長岡の原子模型に基づいた理論では最外殻の軌道上に存在する電子の数の共通性ということを指摘して答とすることができる．

同様に，言語を基本的な要素に還元する考え方も，理論の経済性とともに，より一般的な記述性を理論にもたせるという両面から貢献している．例えば，音素を用いていたのでは，日本語において，「日」+「傘」が「ひがさ」になり，「一人」+「立ち」が「ひとりだち」になるという，**連濁**という現象は，[k] が [g] になり，[t] が [d] になるという以上の一般的な記述ができない．

しかし，弁別素性を用いると，これらは「有声性」という素性の値が - から + に変わるという形に一般化できる．それ以外の素性の値は変わらないので，連濁は子音によらず一様に起こることが説明でき，さらに，「一人旅」においては「たび」の [b] の部分の有声音が連濁を阻止するという説明もできる．このような連濁に関する法則性は「Lyman の法則」と呼ばれている(詳しくは第2巻第2章参照)．

Jakobson よりはるか以前に「有声性」という弁別に思いあたったのが，日本語のかな書きのシステムを発明した人間である．かな書きの誕生当初には使われていなかったが，今日の書記法では有声子音を含むかなには，対応する無

声子音を含むかなに濁点を付けることになっている．この濁点こそ「有声性」を表わす弁別記号である．

実際には，地球上の物質は多くの元素の化合物であるので，あらゆる化合物のあらゆる性質が電子・陽子・中性子の三つで簡単に説明できるわけではない．同様に，言葉を単語が集まってできた文の集合と単純に同一視することはできないだろう．ただ，原子模型が地球上の物質について多くのことを教えてくれるのと同じ程度には，言語学における還元主義も意味があると言える．

(e) パラダイム依存

この節の最後に，Kuhn (1962)以来しばしば指摘されることだが，近代科学の様々な前提は，その時代時代の一定の枠組を皆が共有するからこそ成立するという面があることを確認しておこう．最先端の物理学でも，基本的な性質は，「なぜそうなのか」という説明を与えることができずに仮定するしかないことがある．例えば，素粒子論の「標準理論」では6種類のクォークと6種類のレプトンという基本粒子を仮定するが，なぜクォークが6種類あるのかということは説明できない．たまたま，基本粒子には6種類あるということが結果として出てくる数学的モデルを使うと，レプトンも含めて，対称性という性質を満たすという形に統一的に説明できるので採用されている「仮説」にすぎない(ただし，最近，6番目のトップクォークの存在がほぼ確認されたように，実験事実が「仮説」の確からしさを増す方向に向かっていることは確かである)．

言語学の場合には，物理学に比べてかなり若い学問なので，「標準理論」というものの確立にすら至っていない．先に述べた生成文法の「標準理論」は，自らそう名乗っただけで，真の標準にはなり得ないままに崩壊してしまった．言語理論は物理学以上に，その時代時代のパラダイムに依存して作られていると言えるだろう．

生成文法の「標準理論」と呼ばれていた古典的モデルでは，**深層構造**(deep structure)と**表層構造**(surface structure)という2種類の構造を想定し，前者が意味に対応し，後者が音に対応するとしていた．したがって，この時代のパラダイムによれば，変形規則の適用によって意味が変わるということは許されなかったわけである．しかし，すでに，Kuroda (1965)によって，標準理論成立とほぼ同時に，日本語で，「は」や「も」を付加する変形規則が意味を変える

ことが指摘されていた．さらに，1970年代の初めに，次の二つの文が**再帰化**(reflexivization)という，当時一般に仮定されていた変形規則によって対応付けられるとすると，これらの文の意味の違いがこのモデルでは説明できないということが「発見」された(例えば，Partee (1971) 参照)．

(2) a. Everybody hates everybody.
    b. Everybody hates herself.

(2a) は皆が互いに嫌い合っているのに対し，(2b) はおのおのが自分自身を嫌っているにすぎない．この二つの文は意味が異なるのに，前者に対応する深層構造から，「再帰化」によって後者に対応する表層構造を作り出すとすると，表層構造と深層構造との意味が異なってしまう．

このような文の発見により，古典的モデルは破棄され，表層構造が意味に関与するという考え方が取り入れられる一方 (これを当時は**拡大標準理論**(extended standard theory) と呼んでいた)，深層構造を根本的に考えなおす立場(当時**生成意味論**(generative semantics)と呼ばれていた)も登場し，生成文法の戦国時代が始まった (このあたりの事情については，Newmeyer (1986), Harris (1993) が詳しい．手っ取り早くは，第6巻第2章，郡司 (1994) などを参照)．

1980年代には「拡大標準理論」がさらに修正され，表層構造からさらに変換された構造(論理形式)が意味を決定するというモデルに行きつくことになるのである．その結果，1980年前後の第2次認知革命(第6巻第3章参照)後には次のようなモデルが仮定されることになった (Chomsky 1981)．(この時代には，かつての深層構造と表層構造は，それぞれ，d-構造，s-構造と呼ばれるようになった．)

(3)
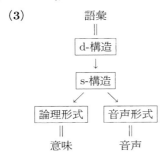

これと同時に，生成文法は1980年代に規則の体系から原理の体系へと変貌

を遂げた．1970年代までは，文法は規則（特に変形規則）の体系であり，文の生成はすなわち構造を変換する派生であるという考え方に立っていた．1980年代になって，規則があまりにも増えすぎたため，あたかも元素を素粒子によって整理するかのように，少数の「原理」という名の派生および構造に対する制約の体系として文法を組み立てるようになったのである．しかし，1980年代後半までに「原理」の数も多すぎるのではないかという反省が生じ，1990年代半ば以降はさらに大原理とでも言うべきものから1980年代のあらゆる原理を導き出そうという試みがなされている（Chomsky 1995）．「経済性」という考え方に基盤を置いた，ミニマリストプログラムと呼ばれるこのような理論の再構成の試みの詳細については，第6巻第4章に述べられているが，成功すれば素粒子論の大統一理論にも匹敵するような大理論になるだろう．

　実は，「ミニマリストプログラム」は人によって異なって受け取られている．本章の筆者は，これは文字通り「プログラム」，つまり理論を構成するための枠組(framework)であって，まだ，理論(theory)とはなり得ていないという立場に立つが，これを（完成された）理論であると受け取って，「ミニマリストプログラム」に基づいて具体的な言語現象を分析しなくてはいけないと考えている研究者もいる．

　しかし，素粒子論に基づいて月の軌道を求めることは不可能であるか，少なくとも実用的でないのと同じように，現在のミニマリストプログラムには，それに向いた問題しか解けないという弱点があり，1980年代の理論の方が「実用的」ではある．物理学の理論と同じように，理論にはそれに適した守備範囲——あるいは理論の粒度(granularity)——というものがあるのかもしれない．

　このようなChomsky自身の関心の移り変わりとは独立に，1980年代になってからは，制約の考え方を一般化して構造に対する制約だけで文法を作ろうという提案，経済性という尺度を多様に用いようという提案，人間を総体として捉え他の認知機構との関連で言語を考えようという提案などが拮抗している．言語学という学問においては理論間の優劣を単純にはつけにくい．近代科学の成立過程における永久機関や錬金術に対応する「擬似言語学」は比較的容易に検知できるし排除すべきだが，多様性は排除せず，言語学が一枚岩である必要はないのだということを肝に銘じておくべきであろう．

　第6巻で詳しく解説する生成文法は，確かに，今日の「科学」としての言語

学のあり方に対して一つのモデルを示したといえる．しかし，生成文法の成立をもって，「近代科学」に匹敵する「近代言語科学」が成立したと言うのは早計である．近代言語科学は生成文法を乗り越えてさらに先へと進む必要があるし，今までの半世紀にも満たない短い歴史から早急な結論を出すのは危険である（「科学」としての生成文法の可能性については第 6 巻第 4 章の筆者の見解も参照）．

4.3 言語科学と関連科学

(a) 認知科学としての言語科学

今までに論じてきたことからある程度明らかになってきていることは，20 世紀後半の言語学は，他の関連する科学から方法論などを取りこみ，ますます学際的(interdisciplinary)な科学となってきているということである．そのため，特に関連の深い心理学，情報科学（アメリカでは計算機科学という），哲学などの教育を受けた人たちが集まり，1980 年代に**認知科学**(cognitive science)という新しい科学を作った．

しかし，残念ながら，日本では，認知科学という枠組に自分を位置付けて言語の研究をしている研究者の数はまだそれほど多くはない．日本認知科学会の会員名簿を眺めても，言語学者の数はそれほど多くない．これは，本章の最初に述べた，「言語学は文科系の学問である」という古い認識がまだまだ現役の言語学者の中に強いことを物語っているのかもしれない．

その点から，生成文法の創始者の Chomsky が 1988 年に「認知科学」の分野で京都賞を受賞したということは象徴的な意味をもっている．（ちなみに，同じ年に「情報科学・計算機科学・人工知能」の分野で J. McCarthy が受賞している．）1950 年代の生成文法の誕生は，地動説が「コペルニクス革命」といわれるのにならって，「チョムスキー革命」ともいわれるが，Chomsky 自身はこれを**認知革命**(cognitive revolution)と呼んでいることからもわかるように，生成文法という言語理論を人間の認知能力の解明の理論であると認識しているのである．

認知科学という学問は，歴史が浅いために，例えば，大学のような既成の組

織の中で，一つの確立した部局として存在しているものはまだ数が少ない．認知科学の学界を構成する人間も，所属としては従来の「自然科学系」ないし「人文科学系」(まれに「社会科学系」) のどちらかに分類されてしまうことが多いであろう．しかし，今まで見てきたように，言語の研究という観点からはこのような人為的な区分を設けることには意味がないのは明らかである．「認知科学系」とでも呼ぶべき，人間に対する総合的なアプローチを追究する「系」を設立すべきときが来ているのかもしれない．

現在までの生成文法および形式意味論は，言語学の中に関連分野の中から数学を取り込むことには成功したように見える．しかし，その目標として掲げられた，人間の認知機能の解明というゴールから逆に見ると，まだまだ先は長い．人間を人間全体としてとらえる観点をどのように言語学の中に取り込んでいくかということが，これからの言語科学の課題であろう．その意味で，医学，特に神経科学や脳科学との接点がこれからますます重要になってくると思われる．

また，数学の取り込みといっても，現在では，記号系の操作という，代数学の一部を取り込んだにすぎない．数学的手段に関して，Newton が自分の力学のために微分・積分法を作ったことはよく知られているが，生成文法の創始者 Chomsky も，自分の文法理論の記述のために，20 世紀半ばの数学から借用して，新しい言語記述のための道具を作ったということは注目に値する．それは後に，数理言語学として，数学や情報科学の一分野にまでなるほどの豊かな内容をもつことになった．しかし，数学の他の分野との関わりを考えると，微分・積分のような解析学はもちろん，そもそも数を扱う場面がほとんどない．近代数学が，2000 年の間に，ギリシアの幾何学，論理学から，インドの算用数字と「零の発見」(吉田 1939)，アラビアの代数学などの蓄積のもとに，Newton, G. W. Leibniz による解析学へと自らを豊かにしていったのに比べると，100 年にも満たない近代言語学の歴史は，定性的な分析にとどまっていて，定量的な分析はほとんど手が付けられていないと言える．わずかに，語彙の統計的調査などの研究がある程度であり (第 9 巻第 4 章参照)，人間の言語理解・言語使用を定量的に記述するような理論の開発は今後の問題である．

ただし，Newton の時代と異なり，20 世紀後半には，定量的な操作に加えて，定性的な記号の分析を行なうことができる機械が存在する．デジタル・コンピュータである．以下に触れるように，記号系の操作をコンピュータによって行

> ### 零 の 発 見
>
> 今日世界中で使われている算用数字は俗に「アラビア数字」と言われるが，これはインド人の発明を，代数学を発達させた中世のアラビア人がヨーロッパに伝えたからである．数の記法については，数字，なかでも，0 の発明が大きな意味をもっている．これにより，位どりによる数の表記が可能になり，計算が非常に楽になった．
>
> 漢数字にも「零」という字はあるが，通常はこれを使わない．例えば，205 は「二百五」であり，「二百零五」とは書かないしその必要もない．音読のときは誤解のおそれがあるので，「二百とんで五」と読むこともあるが，これは情報を冗長にしてエラーの可能性を小さくしているのである．このような表記と，0 をもつ算用数字との比較は，次のような足し算を漢数字のままでやってみたらわかるだろう．
>
>   千九十七 ＋ 九百三十八
>
> 現代においても「零」はわれわれになじみがない面がある．「平成」のような元号は「元年」から始まることになっているが，これは 1 年であって 0 年ではない．同様に紀元後の西暦は 1 年から始まり，0 年はない．したがって紀元前 3 年は紀元後 2 年より 4 年前になり，$2-(-3)=5$ として計算すると 1 年ずれることになる．20 世紀が 2000 年まで続くのも，1900 年でなく，1901 年から始まったためである．

なうということを通じて言語の研究が飛躍的に進む可能性がある．

(b) 科学と技術

「科学技術」と一口に言われることが多いが，「科学」と「技術」は異なる概念であるということがしばしば指摘される．そして，近代科学に関する限り，後発国の日本は技術と一緒に科学を取り入れたため，その区別が曖昧であるとも指摘される．日本の帝国大学(現在の東京大学)に「工学部」(当時は工部大学校)ができたのは「理学部」に遅れることわずか 9 年であり，しかも，日本の工学部は，はじめからエリート技術者養成という，西欧とは異なった概念のもとに誕生したという(村上 1994)．

このような「技術偏重主義」という，教育ないし学問の体系に伴う問題点が批判されることがある．例えば，明治に日本に滞在したベルツの『日記』(Bälz 1943, 上 p.239)には，西欧の科学はその根に精神的な基盤をもっていて，その種を日本人に伝えようとしているのに，日本人は種から生えた幹の先の枝のそ

のまた先の果実のみを摘みとりたがるというような記述がみられる．

　日本における近代言語学の受容の事情にも似たようなところがある．あまりにも目まぐるしく「変化する」言語理論の技術的側面に追随するのに精一杯で，理論がそのような形になった「樹木」の部分にまで考えをめぐらす余裕がない場合がある．逸早く「欧米」の最新の言語理論を取り入れ，形式的な記号を駆使して，論文を書くことばかりに捉われていては，「技術」の背景にある科学を見失ってしまう．言語学を「科学」として正しく認識できないのである．

　これと対極的なのが，個人の思想を生涯に亘って微に入り細を穿って研究するというスタイルである．言語学にもこのような研究はあり，20世紀以降の言語学者の中にそのような扱いを受けている人がいないわけではない．そのような研究をその学者の「人と思想」の研究として徹底的に行なうことは，むしろ「技術」という果実を育てた樹木である「科学」の部分を解明することに貢献するかもしれない．

　「科学技術」という言葉と呼応するかのように，日本語では一口に「理工系」と言うくくり方があるが，実はこれは，「理学系」と「工学系」という，少し性格の違うものを一緒にした言い方である．今まで述べてきた「近代科学」という概念に典型的にあてはまるのは「理学系」の方であり，「工学系」は上に述べた「技術」の側面を強調したものであるように思われる．

　それは一口に言えば，「役に立つこと」を目ざす科学のあり方である．そのことが「樹」の部分を見ることをおろそかにしかねないというベルツの批判については上に触れたが，逆に見れば「理学系」は「役に立つ」ことをしない，あるいは，もっと悪く，「役に立たない」ことをしている，と批判することもできる．それだけならばまだしも，「科学者の社会的責任」という観点からは「害になること」をしていても気が付かない，というような深刻な問題も生じることがあるのは，戦争中であったために核分裂の発見が爆弾の製造に直結してしまったことからも明らかであろう．

　「言語の科学」の場合にも「技術」に関わる同様の問題が生じる可能性がある．「技術」が前面に出て，「役に立つ」ことを強調しすぎると，学校文法のような理論的根拠のない文法に行きついてしまうことになりかねないのである．しかし，その一方で，「言語学者のやっていることは言葉の枝葉末節に関わることばかりで，少しも体系的な文法などを作らない」という批判がしばしば聞か

れるのも事実であり,「役に立たない」ことをやることに対する正当性の保証が求められている.

　言語理論を単なる記号操作の応用問題とせず,「科学」としての言語学を正しく理解した上での研究であっても,最先端の言語理論の研究は,素粒子論や宇宙論のような基礎的な研究という性質が強く,工学的な応用には向かない面がある.理学と工学とが共存できる程度には,言語の理論と言語に関する工学とが共存することが理想だが,現状では,両分野の研究者の間の乖離は大きい.本叢書で「言語科学」を提唱したのも,4.2節(e)で触れた,適用する対象に応じた,ほどよい粒度をもった理論を協力して作り上げていくきっかけになれば,という趣旨からである.

(c)　言語科学と言語工学

　言語に工学的技法を適用することを考える場合,それは「人工言語」を作るという方向に行くのではないだろう.工学が何か「役に立つ」ものを作ることに関連するとすると,ではいったい何を作るのだろうか.

　まず考えられるのが言語を応用した何かである.現在工学的応用として期待されているのは音声認識と音声合成のシステムであるが,その詳細については第2巻第4章に譲るにしても,これは基本的にコンピュータによるシミュレーションであると考えることができる.

　しかし,何をシミュレートしているのかと考えてみると,それは言語ではない.人工言語を作るわけではないからだ.すなわち,「言語」をシミュレートしているのではなく,実際には,言語を聞く人間の耳,そして言語を話す人間の口をシミュレートしているのである.もちろん,耳と口があるだけでは言葉を話すことはできないから,言語をあやつる脳そのものもシミュレートしなくてはならない.機械翻訳(第9巻第3章参照)も同じタイプのシミュレーションである.

　人間の脳のシミュレーションは**人工知能**(artificial intelligence)という学問分野として行なわれてきたが,コンピュータのソフトウェアで脳の論理的な働きをシミュレートするだけでは飽きたらず,最近では,「人工脳」,すなわち,脳を細胞レベルでシミュレートする試みもあるという.言語のように複雑なものを人工脳が扱えるようになるにはまだまだ年月がかかると思われるが,言語の

処理は人工脳の完成度の一つの尺度を与えることになるだろう．

　しかし，一方で，いわゆる「自然言語処理」の研究は，現状のコンピュータという技術を前提にして進まざるを得ない面がある．そのため，人間の脳の働き具合とは無関係にモデルが立てられることがある．これは，鳥をまねせずに飛行機を作ったライト兄弟と同じく，実用という観点からは有効なアプローチだろう．その場合の，自然言語処理のパラダイムは，言語科学のパラダイムと密接な関連をもちながらも独自の発展を見せることになる．

　例えば，生成文法の「標準理論」の時代には，文法が規則の集合として記述されていたために，それを工学的に応用しようとした研究者たちも規則を解釈するシステムを作った．しかし，生成文法自身が，人間の言語能力のモデルとしては説明的妥当性を欠くという理由で規則を破棄した第2次認知革命のころと，（たまたま）時を同じくして，工学的システムでも，あまりに多くの規則は今日のコンピュータでは処理しきれない，という認識に達した．一方，大量の記憶装置が自由に使えるようになり，その結果，実例を豊富に収集して，それをうまく活用しようというモデルが提案されるに至った．これはもちろん話を単純化しすぎており，実際の機械翻訳は様々なパラダイムを必要に応じて組み合わせている（第9巻第3章参照）が，言語学のパラダイムと機械翻訳などの工学的応用でのパラダイムとが次第にずれてきているのは事実である．

　今日の生成文法では，制約という概念がほぼパラダイムの共通部分と考えることができる．これを工学系のシステムの中でも活用していこうという考え方もあるが（第8巻第3章参照），現状ではまだまだ浸透度が不足しているというのが本章の筆者の実感である．

4.4　複雑系としての人間

　以上，近代科学の方法論を一つの尺度として，言語科学の特徴を考えてきた．最後に，近代科学の方法論だけではすべてが解決できるとは限らないかのように見える言語の側面に触れておきたい．

(a)　複　雑　性

　同じように近代科学の中に分類されてはいても，数学と医学とは正反対の性

格がある．数学は徹底的に分析を行なう科学である．西洋医学も同じ理想を目ざし，人体を部分に分解する考え方を確立させてきたが，臨床の場においては，人間を，全体として，**複雑系**(complex system)として見ざるを得ない．言語は人間の脳の活動の一部である．そこには，医学と同じような複雑系としての人間に伴う問題があるだろう．

この観点から，1980年代以降の言語学の一つの大きな流れとして位置付けられる，認知意味論(認知言語学といわれることもある．もっとも，統語論に関する研究はほとんどないので，その中心的な関心は意味論あるいは談話などの領域である．第4巻第3章および，第7巻の関連する部分参照)の立場に注目したい．伝統的な生成文法の研究者の多くの中心的な関心が一種の論理主義の立場に立ち，言語に対して，分析と総合という近代科学的な方法論で取り組んでいるのに対して，認知意味論の立場は，言語を使用する人間のもつ言語機能を，必ずしも言語特有の性質に還元させることなく，解明しようとしているからである．医学からの比喩を用いれば，西洋医学に対する東洋医学ということになるだろうか．

ただし，漢方薬は症状よりも患者を見て処方すると言われるように，同じ症状だからといって，東洋医学では同じ治療法が行なわれるとは限らない．それと似て，現在の認知意味論は，ともすると処方箋に一貫性がなく，伝統的な基準で判断すると，客観性，再現性，普遍性などの性質において弱点があるように思われる．もちろん，提唱されてから日の浅い学問に対して現在の段階で厳しい評価をすることは公平ではないだろう．認知意味論が人間を全体として捉える新しい見方を言語学に提供してくれるのかどうかということについて早急な判断は慎みたい．

(b) 人間の個体差

もう一つの複雑性の要因は，言語が複数の人間の集団の使用によって初めて成立するということである．ここには，経済学と同じような複雑性が絡んでくる．近代物理学においては，質点の力学を粒子の集団の力学へと拡張する際に，3個以上の物体の運動の問題が一般に解けないために，まったく新しい方法である統計力学が成立し成功を収めた．分子の集団的運動として熱を捉える熱力学の成立は，熱現象を神話の世界から人間が理解できる世界へと引きおろした

といえる．

　同じように，質点の力学に対応する一人の人間の言語機能のモデルを，人間の集団によるコミュニケーションのモデルへと拡張することは可能だろうか．つまり，「統計言語学」は科学として成立し得るだろうか．Saussure が「ラング」の研究から手をつけ，Chomsky が「言語能力」を当面の研究対象とした世紀が終わろうとしている今，それらの研究においては科学としての研究方法論が一定の成立を見たといえるが，「パロール」「言語運用」に必然的に関わらざるを得ない，談話現象や，広くは社会言語学が研究対象とする現象については，今のところは解明すべき「複雑系」として見ているしかないような状態かもしれない．

　ここでも問題の一つは，統計力学は個々の粒子を区別しないという前提から出発しているのに対して，人間の集団に対して，個々の人間を区別しないという前提がどの程度に有効なのかはっきりしないということである．例えば，「日本語」という言語に対する一般化を抽出したいにせよ，ある地域の方言に限定した一般化を得るのが目的であるにせよ，対象とする集団の中には均一性が成り立っていないといけないが，その際に，人間の場合にどうしても避けられない個人差をいかにして捨象するかが問題である．

(c) 不確定性

　近代物理学との関連をもう一つとりあげると，量子力学における観測の問題に似たような問題がある．人間の言語は脳に内在しているために，そのままでは研究対象にできない．研究のためにはそれを外部から観察しなくてはならない．しかし，微小粒子の観測の場合には，観測対象の系を乱すという問題がある．光などをあてて観測することによって，観測する前の状態を変えてしまうことがあるのである．同様に，アンケートによって文法性の容認度を調査する場合に，アンケートの質問に答えるという作業そのものを言語によって行なうために，「自然な」状態での判断が得られているということが保証されないという問題がある．また，研究者が自分で文の判断を行なう場合にも，うっかりすると自分の理論に都合のよい判断をしてしまう危険性がないとも言いきれない．

　ただし，言語の場合には，これは原理的な不確定性ではなく，実験のコントロールのしかた次第という面がある．慎重かつ巧妙な実験法で回避できる擬似

問題にすぎないのかもしれない（この点については第2章参照）．

(d) 局所性と複雑適応系

力学においては，今日では，遠く離れたところにも瞬時に力が伝わるという，Newtonの遠隔作用の考えは否定され，Einsteinの特殊相対論に従って，光速を越えない速さで伝わる近接作用のみで力が説明される．言語学では力は扱わないが，情報の伝達の考え方に関して同じような変遷が見られる．

生成文法の初期，変形が文法の重要な機能を担うものとして導入されたときには，個々の変形規則が文の構成素をどこに移動することができるかということに関して一般的な制約はなかった．その結果，大局的で長距離の移動も許されていた．

移動が無制限であってはならず，何らかの制約が必要なことは，先述のRoss (1967)以来広く認められるようになり，1970年代には大局的な移動は原則的に認められなくなった．移動は局所的に行なわれ，あたかも力が光速を越えない速度で「少しずつ」伝わっていくように，何段階も経て遠方に移動することになったのである．特に，1980年代になって，個々の変形規則という考え方が廃止され，変形に伴う移動がすべて「任意のものを任意の位置に移動する」という形に集約されてからは，移動に対して厳しい局所性の制約がなくては理論が成り立たなくなってきている．

1970年代にはもう一つの大局的なメカニズムが提案されていた．**大局的派生制約**(global derivational constraint)と呼ばれたものである．これは，基本となる構造から最終的な構造に至る派生の方法に何通りかが考えられる場合に，それらを互いに比較して，最も望ましい派生を決定するための制約である．このような大局的な制約を認めると，ある特定の派生の個々のステップが可能かどうかを局所的に決定できないために，結局あらゆる派生を作って比較するしかなくなる．このような大局的な制約は，1980年代までに，生成文法では認められない考え方になった．特に，1980年代以降の変形規則を認めない理論では，唯一の種類の制約である構造に対する制約は，互いに近接する構成素間の制約として記述され，局所的な制約のみを用いるようになっている．

もっとも，最近の生成文法のミニマリストプログラムでは，一時，「経済性」という概念を一昔前の大局的派生制約のような意味で用いることがあった．今

日では，再びこのような考え方は撤回されている．一方，最近の音韻論の標準的な考え方である，**最適性理論**(optimality theory)（第2巻第2章参照）では，「最適性」をこのような大局的な意味で使っていると見ることができるので，局所性という観点からは問題をはらんでいると言えるかもしれない．

　今後の問題は局所性でやり通せるかということである．局所的な制約は，いわば伝播することによって遠隔地にも作用を及ぼすことができる．そのため，前提条件として，局所的な情報がすべてわかれば大局的な状態が完全にわかるということがある．これは，物理学における「Laplaceの悪魔」に相当する，かなり強い決定論の仮定である．今日，自然現象では，**カオス**(chaos)とか複雑系などの，局所性の重ね合わせでは必ずしも理解できないような現象が注目されている．そもそも，「重ね合わせ」という考え方が成り立つのは現象が線形（1次元）的に記述できる場合だけである．実際の複雑な自然現象には非線形の部分が必ず存在し，(あるところで蝶がふるわせた羽の動きが拡大されてはるかかなたで嵐にまでなるというたとえによって語られる)「バタフライ効果」のような，あらかじめ予期できない効果が遠方にまで及ぶ現象の存在が指摘されている．

　言語の記述も線形の記述では尽くし得ない可能性が高い．意味論の構成性原理でも，イディオムなどの，一見したところ反例と考えられる例をすぐに思い付くことができる．ましてや，文より大きい単位の談話のレベルになると，個々の文の分析を単に重ね合わせるだけでは分析しきれないと考える方が普通だろう．結局，「複雑系」である人間が作り出した言語そのものが「複雑系」であると考えた方がよい面があることは確かである．

　ただし，「複雑系」の科学には**複雑適応系**(complex adaptive system)という考え方がある．これは，例えば，鳥が1羽1羽は「隣の鳥とぶつからない」などの局所的な制約を守っているだけにもかかわらず，鳥の群全体が大局的に整然と飛ぶさまなどを説明する際に採用される考え方である．言語に関しては，これを複雑系として捉える具体的な方法が何もわかっていない現状では，本章の筆者は，このような「複雑適応系」のアプローチが有効であると思う．すなわち，「分析と総合」という近代科学のアプローチは排除しないが，具体的な現象の記述は局所的なものだけに限り，それがどのように「総合」されるかに関しては強いコントロールを強制しない，という弱い結合のモデルである．局所

的な制約(例えば，Pollard & Sag(1994))はそのような立場に立っていると考えられる．

また，離散的でデジタルな情報を扱うものとして言語を分析するという前提も疑うべきかもしれない．確率や物理学のポテンシャル・エネルギーなどの考え方を体系的に言語学の中に取り入れるときが来ていると考えることもできるだろう(この点については，第6巻第4章の筆者の見解参照)．

第4章のまとめ

4.1　科学は後の時代の人間が理解し，模倣することができる体系であり，客観性，再現性，普遍性という性質をもつ．

4.2　言語科学は自然の中の人間が話す言語を対象とする科学である．特に生成文法では人間の頭の中にある言語に関する知識を研究対象とする．

4.3　言語科学においては観察とともに思考実験も行なわれる．「非文」を作りその判断を観察することに意味を見出すこともある．

4.4　言語の理論は観察的妥当性・記述的妥当性を経て，生成文法では究極的に説明的妥当性を満たすことを目ざす．

4.5　還元主義的な考え方は統語論における直接構成素分析，意味論における構成性原理，音韻論における音素，弁別素性などに見ることができる．

4.6　言語理論も他の自然科学の理論と同様，時代のパラダイムに依存する面があるが，技術的詳細の変遷と普遍的な基本の考え方は区別しないといけない．

4.7　言語学と関連科学，特に医学・数学との接点はこれからますます重要になってくると思われる．また，言語の科学と言語の工学との一層の協調が期待される．

4.8　「複雑系」としての人間を考える場合，解決すべき問題はまだ多いが，複雑適応系として局所性との両立を探る方向が期待できる．

用 語 解 説

本文中で十分説明できなかった用語について解説し，本文の該当箇所に†を付けた．

ガ行音の鼻濁音化　東京方言をはじめとするいくつかの日本語方言では，ガ行音は，語中で，[ŋ] と発音される．これは，歴史的に濁音が鼻音を含んでいたことのなごりである．たとえば，「ガラス」は「板ガラス」でも鼻濁音にならず，鳥の「カラス」は「大ガラス」で鼻濁音化する傾向がある．

隠れマルコフモデル　確率的な状態遷移を行なう非決定性有限オートマトンの一種．有限オートマトンとは，所定の開始状態に始まり，有限個の状態の間を遷移しながら各遷移ごとに一定の入力（または出力）を行なう計算メカニズムである．非決定性であるとは，その入力（出力）の系列から現在の状態を一意に特定できるとは限らないということである．隠れマルコフモデルは，音声や単語列など，確率的な振舞いを示す系列のモデル化に広く応用されている．（第 3 巻第 2 章参照）

クレオール　ピジンが発展して母語として話されたものをいう．ピジンと比べて文法組織が発達し，活用組織や文法的な機能を持つ虚辞が発達している．世界中のクレオールが共通の特徴を持っていることが指摘されており，クレオールの研究は言語の発生の研究に重要である．

決定木　対象の何らかの性質を決定するために，対象の集合を階層的に分類する木構造．分類木 (classification tree) とも言う．たとえば，レストランを分類することによって，そのレストランの値段が高いか安いかを決定するための決定木は下図のようになる．

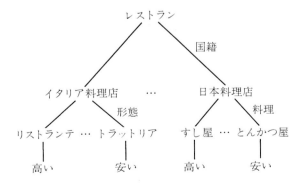

「国籍」や「形態」は分類規準として用いられる属性である．決定木のサイズや決定の精度は，そうした属性として何を用いるかに依存する．

ゲーム理論 複数の行為者の間の相互作用に関する数学的理論．各行為者(player, プレイヤー)の行為のプランをその行為者の戦略(strategy)と言い，行為者たちの戦略の組合せから生ずる結果に対して各行為者が与える(実数値の)評価を利得(payoff)または効用(utility)と言う．ゲーム理論は，行為者たちの信念や利得からその行為を数理的に導くための一般理論であり，経済学，心理学，生物学，人工知能などに幅広く用いられている．コミュニケーションは，非協力ゲーム(non-cooperative game, 事前のコミュニケーションがないゲーム)の一種として分析できる．

構造言語学 20世紀初頭から中期にかけて隆盛を見た言語理論．「すべての理論は観察に基づかなければならず，すべての理論は観察可能なデータに還元されねばならない」とする奇妙な科学観に依拠していたためもあって，その後衰退した．しかし，「言語とは構造を持った記号体系である」ことを指摘した限りにおいては正しく，この点では今日でも評価されるべきである．

θ役割 変形文法の標準的な考え方では，基底の構造は文の基本的な要素をその統語的な性質のみによって配置するが，動作主や受益者などの，一つの動詞がとる項の意味的な性質の違いはそのような構造に反映されない．これに対して，それぞれの項のもつ意味役割を基本的なものとする考え方があった．C. Fillmore の格文法などがこの考え方の代表的なものだが，1980年代以降の生成文法一般でも θ 役割という名前で，この考え方が広く用いられるようになった．

創発 広義には，単純な構造から予期せぬ複雑な現象が発生すること．制約や事例の相互作用からシステムの多様な振舞いが生ずるというのはこれに当たる．また，狭義には，その単純な構造は微視的なレベル，複雑な現象は巨視的なレベルで生じ，これらが双方向に影響を及ぼし合うこと．アリの群がフェロモンによる誘導の有無に応じて隊列を組んだり個別に餌を探索したりするのはこれに当たる．個々のアリの行動の結果としてフェロモンが分泌されてそれが群全体の行動を規定し，それが逆に個々のアリの行動を規定するわけである．

単一化 複数個のデータの中に含まれる変項に適当な値を代入することによってそれらのデータを同一のものにすること．たとえば，$\{\langle a:1\rangle, \langle b:X\rangle, \langle c:Y\rangle\}$ と $\{\langle a:Y\rangle, \langle b:2\rangle\}$ という二つの素性構造を単一化するには，変項 X に値 2 を，変項 Y に値 1 を代入すればよい．ここで大文字は変項を表わす．$\{\langle a:X\rangle, \langle b:\{\langle a:X\rangle\}\rangle\}$ と $\{\langle a:Y\rangle, \langle b:Y\rangle\}$ を単一化するには，X に Y を，Y に $\{\langle a:X\rangle\}$ を代入する必要があるが，データの大きさが有限でなければならないとすれば，それは不可能である．このようなチェックは複雑な計算を要するので，実用上は省略することが多い．(第8巻第2章参照)

中央埋め込み文 「田中が山田が木村が行くと言ったと思った」のように文の中央に文を埋め込んだために，記憶の負担が増し，理解しにくくなった文．(3.4節(b)参照)

中心化理論 文章の展開に伴って注視対象が変遷する仕方と，それが代名詞などの指示対象に及ぼす影響とに関するひとつの理論．同様の理論として他に焦点化理論 (focusing theory) がある．中心化理論では，注意が向けられた (複数個の) 指示対象を中心 (center) と呼び，それらを指示する名詞句の性質 (代名詞であるかどうか，主語や目的語であるかどうかなど) と中心の推移との関係を論ずる．

ピジン 商業地域などで，共通言語を持たない話者同士の間で交渉のために人工的に作られる言語．語順の制限や文法組織などを非常に単純化した片言的言語．

フレーム理論 Marvin Minsky によって提案された知識表現のひとつの理論．たとえば，ある物体が顔であることがわかることによって目鼻がわかるというように，世界をトップダウンに理解するための知識の枠組 (フレーム，frame) のモデルを論じている．ひとつのフレームはいくつかのスロット (スロットの名前とその値) の束である．各スロットは，デフォルト値 (default value，変更可能なとりあえずの値) や，他のフレームを指すポインタなどの値を持つ．

ら抜き言葉 「見る」「食べる」などの母音を語幹とする動詞 (一段動詞) の可能の形は，「rare」をつけるのが一般的であった (tabe-rare-ru, mi-rare-ru)．しかし，「書く」「読む」などの子音を語幹とする動詞 (五段動詞) は e をつけて可能形を作るため (kak-e-ru)，これに影響されて，一段動詞の可能形に「re」をつける傾向が出てきた．これにより，終止形の ru-u，受け身形の rare-are のように，母音語幹動詞には子音始まりの接辞がつき，子音語幹動詞には母音始まりの接辞がついて，まったく並行的な交替が設定できる．

| 母音語幹動詞 | tabe-**ru** | tabe-**rare**-ru | tabe-**re**-ru | tabe-**sase**-ru |
| 子音語幹動詞 | yom-**u** | yom-**are**-ru | yom-**e**-ru | yom-**ase**-ru |

Laplace の悪魔 古典力学では，宇宙の中のすべての物質の位置と運動量がわかればその後のすべての運動が原理的に決定できる．実際にはそのような情報を人間が手にすることはできないのだが，フランスの数学者・天文学者の Pierre Simon Laplace は，そのような情報を手にすることができる悪魔の存在を仮定すれば，宇宙の誕生から未来まで，また，人間一人一人の行動までも完全に予言することができるという強い決定論が可能なことを指摘した．

ラングとパロール Ferdinand de Saussure による，言語学の研究対象の区別．Saussure はまず，人間のもつ普遍的・潜在的な言語能力をランガージュ (langage) と呼んだ．ラング (langue) は，ランガージュが個別言語として顕在化したものであり，特定の個別

言語に内在する構造の抽象的なシステムのことを指す．ラングは一定の言語共同体のすべての要員に共有されていて，個人の言語行動を社会的に規制する．パロール (parole) は，ラングの規制に従って個人が行なう，言葉を話すという具体的な行為であり，ラングの抽象的な構造が具体化したものである．

利己的な遺伝子　Richard Dawkins の "The Selfish Gene" (Oxford University Press, 1976．日高敏隆・岸由二他(訳)，『利己的な遺伝子』紀伊國屋書店) に示された考え方．環境に適応して選択を行ない，自らの子孫の存続・増加をはかるのは，人間を含む生物の個体ではなくその遺伝子であり，個体はいわば経由地にすぎないとする説．これに従えば，言語の発生を，現在広く信じられているように協調のための伝達の必要性に帰すことは不可能になり，言語は他の人間を含めた他者との競争に勝ち，生き残ることを可能にするために生じたと見なければならない．

臨界期　成育初期の一定期間までにおける経験はその個体に不可逆的影響を与えることがあり，この期間を臨界期と言う．トリのひなが孵化直後に初めて見る動く物体(飼育係など)を母親と思いこんでしまう「刷り込み」がよく知られた例．ただし，成人後の外国語学習の達成度の低さは時間と密度の不足によるものであって，言語獲得に臨界期があることを示すものではないとする説もある．

論点先取　論証(または定義)されるべき対象をあたかもすでに論証(または定義)されたかのように扱ってしまうこと．「狐狩りは残酷だ」という人に対して「しかし狐は逃げ回るのが好きなのだから残酷ではない」と答えるのは論理的な反論ではない．「狐は逃げ回るのが好きだ」ということはまだ論証されていないからである．第1章の(8)では個別言語の定義の中に「その言語…」というまだ定義されていない概念が入り込んでいる．

読書案内

第1章

[1] Aitchison, J. (1978): *Linguistics*. Hodder Stoughton. 田中春美・田中幸子(訳),『入門 言語学』金星堂.
　言語とは何か,言語学とは何かを平易に説いたもの.言語変化,心理言語学,社会言語学などに関する的確な紹介も含む.

[2] Crystal, D. (1987): *The Cambridge Encyclopedia of Language*. Cambridge University Press. 風間喜代三・長谷川欣佑(監訳),『言語学百科事典』大修館書店.
　大判の本であるが,写真,図表などを豊富に用い,記述法も平明で,初学者でも求める情報にたやすく接近できるように工夫がなされている.

[3] 中島平三・外池滋生(編著)(1994):『言語学への招待』大修館書店.
　第一線の研究者たちが,初学者に「ことばについて意識的に考えるようになるきっかけ」を与えることを目的として著した名著.

[4] 田中春美他(1994):『入門ことばの科学』大修館書店.
　これまでもいくつかの優れた言語学入門書を著してきた著者たちの最新作.図表や囲み記事をふんだんに用いて平易さを目指している.

[5] Yule, G. (1985): *The Study of Language*. Cambridge University Press. 今井邦彦・中島平三(訳),『現代言語学20章——ことばの科学』大修館書店.
　きわめて多くの視点から言語を,そして言語研究の現状を紹介した好著.平易明快な語り口に著者の学殖と平衡感覚が読みとれる.

第2章

[1] 吉田和彦(1996):『言葉を復元する』三省堂.
　比較言語学の入門書.生成文法などの最新の成果をとりいれてたいへんわかりやすく,しかも本格的である.

[2] 高津春繁(1950):『比較言語学』岩波書店.
　非常に高度な入門書.

[3] 風間喜代三(1978):『言語学の誕生』岩波書店.
　比較言語学の歴史が創生から書かれている.読み物としては一番おもしろく,わかりやすい.

[4]　太田朗(1959):『米語音素論』研究社.
構造言語学の非常に詳しい解説.たいへんバランスがとれており,構造言語学の一番よいところを学ぶことができる.

[5]　服部四郎(1960):『言語学の方法』岩波書店.
日本における言語学の最高峰の著した本.非常に明示的に構造言語学の分析法が示されている.日本における生成文法導入以前の言語分析の水準の高さがわかる.

[6]　Miller, R. A. (ed.)(1969): *Bernard Bloch on Japanese.* Yale University Press. 林栄一(監訳),『ブロック日本語論考』研究社,1975.
アメリカ構造主義の代表的な学者による日本語の分析.彼の分析は,現代日本語文法研究者に大きな影響を与えた.

[7]　Herbig, G. (1970): *Geschichte der neueren Sprachwissenshaft.* VEB Bibliographisches Institut. 岩崎英二郎・早川東三・千石喬・三城満禧・川島淳夫(訳),『近代言語学史』白水社,1972.
ヨーロッパを中心とした言語学史.アメリカ以外の構造主義や,構造主義以外の言語理論の概観が得られる.

[8]　Chomsky, N. (1986): *Language and Problems of Knowledge: the Managua Lectures.* MIT Press. 田窪行則・郡司隆男(訳),『言語と知識』産業図書,1989.
生成文法の目的,方法に関して,その創始者がわかりやすく語った講演.

[9]　太田朗・梶田優(1974):『英語学大系 文法論 II』大修館書店.
構造主義と生成文法の入門的解説書.特に生成文法の部分は生成文法の科学的基礎が本格的に解説されている.

[10]　Pinker, S. (1994): *Language Instinct.* Harper Perennial. 椋田直子(訳),『言語を生み出す本能』(上,下),NHKブックス,1995.
生物学的観点から言語機能を考えた入門書.非常にわかりやすく生成文法が紹介されている.

[11]　ノーム・チョムスキー(著),福井直樹・辻子美保子(訳)(2003):『生成文法の企て』岩波書店.
チョムスキーの対談集.チョムスキーの生成文法への取り組みが自身の言葉で語られている.20年前の対談(Chomsky, N. (1982): *The Generative Enterprise* (A Discussion with Riny Huybregts and Henk van Riemsdijk), Foris Publicaions.)と,最近行われた訳者との対談が収録されており,チョムスキーの立場が根本的にはまったく一貫していることがわかる.訳者の解説が見通しのよい,すぐれたものになっている.

[12]　Hoji, H. (2003): Falsifiability and Repeatability in Generative Grammar: A Case Study of Anaphora and Scope Dependency in Japanese, *Lingua*, **113/4-6**, 377-446.

傍士元氏による生成文法理論の仮説の検証に関する解説．どのような仮説が反証可能性と反復可能性を満たすのか，例文判断を用いた実験がどのようにすれば可能であるのかを具体的にわかりやすく解説している．

第3章

[1]　田中穂積・辻井潤一(編)(1988)：『自然言語理解』オーム社．
　自然言語処理全般をほぼカバーし，しかもかなり高度な内容に及ぶ．とりわけ談話に関する章は日本語で書かれた数少ない優れた解説のひとつである．

[2]　阿部純一・桃内佳雄・金子康朗・李光五(1994)：『人間の言語情報処理：言語理解の認知科学』サイエンス社．
　工学，心理学，言語学を含む広い範囲にわたって多くの研究を関連付けつつ紹介している．例や図を多用して丁寧に書かれており，文献も充実している．

[3]　橋田浩一(編著)(1995)：『言語』(岩波講座「認知科学」第7巻)．岩波書店．
　全体として言語に関する認知科学を論じており，本叢書との関連が深い．第3章が自然言語処理に関する解説であり，少ない紙数で多くの基礎研究に言及している．

[4]　Russel, S. & Norvig, P. (1995): *Artificial Intelligence—A Modern Approach*. Prentice Hall. 古川康一(監訳)，『エージェントアプローチ 人工知能』共立出版，1997．
　自然言語処理そのものについて述べているのは全27章のうちの2章分だけだが，プランニング，意志決定，学習，哲学的問題などを扱った他の章も，自然言語処理技術とその背景をさらに一般的な文脈で理解するのに役立つ．

[5]　長尾真(編著)(1996)：『自然言語処理』(岩波講座「ソフトウェア科学」第15巻)．岩波書店．
　工学的な自然言語処理に関する成書として最も内容が豊富である．統計，数理言語学，数理論理学などの基礎から説き起こし，実用的な技術の解説に及ぶ．

第4章

　本叢書の各巻の各章には言語学の各分野に関する読書案内がなされるので，本章では，「科学」ということを考えるのに参考になる書籍の中で，手に入りやすく，文科系の読者にも比較的読みやすいものを中心に紹介したい．

[1]　池内了(1996)：『科学の考え方・学び方』岩波ジュニア新書．
　まず，本来高校生向けではあるが，文科系，理科系を問わず，科学そのものについて深く考えたことのない読者には，これを勧める．著者の専門の天文物理学にとどまらず，自然科学一般について，その「考え方」がわかりやすく書かれている．著者が断わっているように，「学び方」についてはあまり書かれていないのが残念だが．

[2] 中谷宇吉郎 (1958)：『科学の方法』岩波新書．

[3] 朝永振一郎 (1979)：『物理学とは何だろうか』(上, 下), 岩波新書．

[4] 柳瀬睦男 (1984)：『科学の哲学』岩波新書．

[5] 佐々木力 (1996)：『科学論入門』岩波新書．

[2]は科学論の入門書としての古典である．内容もさることながら，身近な例と著者の語り口が楽しめる読み物である．また，用語こそ異なるが，後の「複雑系」や「パラダイム」に相当する問題がすでに指摘されているのは注目に値する．自然科学の実際の歴史を具体的に知りたい読者にとっては，[3]がよい．著者の急逝によって，素粒子物理学に行く前で中断してしまっているが，熱力学の誕生までがわかりやすく書かれている．[4]は，自然科学，特に物理学の方法論についての考察である．[5]は，ごく最近の，本格的な科学論の入門書．もともと医学系の学生向けの講義をまとめたものなので，医学関係の記述が多いが，科学の発達をギリシアからさかのぼって解説してくれている．

[6] Kuhn, T. S. (1962): *The Structure of Scientific Revolutions*. University of Chicago Press. 2nd Enlarged Edition, 1970. 中山茂(訳)，『科学革命の構造』みすず書房，1971.

[7] 村上陽一郎 (1974)：『近代科学を越えて』日本経済新聞社．1986年に講談社学術文庫．

[8] 村上陽一郎 (1994)：『科学者とは何か』新潮選書．

[6]は，近代科学は実は100％客観的なものではなく，その時代時代のパラダイム (paradigm)に依存している面があると指摘した古典．[7]は，パラダイム論を含めて，近代科学のこのような性格を多角的に論じたもの．同じ著者の[8]は，科学論であるとともに，(特に大学における)科学者論であり，他に類書を見ないので一読の価値がある．

[9] Newmeyer, F. J. (1986a): *Linguistic Theory in America* (2nd Ed.). Georgetown University Press. 松田徳一郎・馬場彰・宗宮喜代子・熊谷智子(訳)，『現代アメリカ言語学史』英潮社, 1994.

[10] Newmeyer, F. J. (1986b): *The Politics of Linguistics*. University of Chicago Press. 馬場彰・仁科弘之(訳)，『抗争する言語学』岩波書店, 1994.

言語学におけるパラダイム論に近いものとしては，[9][10]を挙げることができる．

[11] Sells, P. (1986): *Lectures on Contemporary Syntactic Theories: An Introduction to Government-Binding Theory, Generalized Phrase Structure Grammar, and Lexical-Functional Grammar*. No. 3 in CSLI Lecture Notes Series. Center for the Study of Language and Information, Stanford University. 郡司隆男・田窪行則・石

川彰(訳),『現代の文法理論』産業図書,1988.
1980年代の生成文法の中で互いにかなり異なったアプローチを手際よくまとめたもの.

[12] Waldrop, M. M. (1992): *Complexity: The Emerging Science at the Edge of Order and Chaos.* Simon and Schuster. 田中三彦・遠山峻征(訳),『複雑系』新潮社,1996.

[13] 米沢富美子(1995):『複雑さを科学する』岩波科学ライブラリー.

[14] 吉永良正(1996):『「複雑系」とは何か』講談社現代新書.

最近,従来の近代科学の限界を越えるものとしての期待からか,「複雑系の科学」というものが注目を浴びている.本章でも,言語に関係して,そのようなアプローチの必要性と,その試みの可能な形として考えられるものについて触れたが,このトピックについては,クォーク理論を提唱しその名付け親になったM. Gell-Mannたちを中心として設立された,複雑系の研究のメッカであるサンタフェ研究所 (Santa Fe Institute) の様子を伝えてくれる[12]が詳しい.もう少し短くまとめたものとして,物理学者による[13]や,ジャーナリストによる[14]がある.

[15] 郡司隆男(1995):「言語学的方法」.岩波講座「認知科学」第1巻『認知科学の基礎』第5章.岩波書店.

[16] 郡司隆男・坂本勉(1999):『言語学の方法』岩波書店.

[17] 郡司隆男(1994):『自然言語』日本評論社.

[15]には本章の筆者による,言語学の方法論についてまとめた記述がある.[16]は,近代科学の方法論との比較も含めて,言語学の方法論について論じたものである.また,[17]は生成文法の方法論の変遷を具体例に則して解説したものである.

[18] Gardner, M. (1952): *In the Name of Science.* G. P. Putnum & Sons. 市場泰男(訳),『奇妙な論理:だまされやすさの研究』現代教養文庫,1989,および『奇妙な論理 II:空飛ぶ円盤からユリ・ゲラーまで』現代教養文庫,1992.

最後に,科学が何であるかを知るには,何が科学でないかを知ることも大事である.これは歴史上の様々な非科学の実例を教えてくれる.

参考文献

学習の手引き

Charniak, E. (1993) : *Statistical Language Learning.* MIT Press.

Jackendoff, R. (1997) : *The Architecture of the Language Faculty.* Linguistic Inquiry Monograph 28, MIT Press.

Levin, B. (1993) : *English Verb Classes and Alternations: A Preliminary Investigation.* University Chicago Press.

Pinker, S. (1989) : *Learnability and Cognition: The Acquisition of Argument Structure.* MIT Press.

Pinker, S. (1994) : *The Language Instinct: How the Mind Creates Language.* Harper Perennial. 椋田直子(訳),『言語を生みだす本能』(上,下), NHKブックス, 1995.

Pustejovsky, J. (1995) : *The Generative Lexicon.* MIT Press.

Roche, E. & Schabes, Y. (1997) : *Finite-State Language Processing.* MIT Press.

第2章

Bickerton, D. (1981) : *Roots of Language.* Karoma Publishers. 筧寿雄・西光義弘・和井田紀子(訳),『言語のルーツ』大修館書店, 1985.

Bynon, T. (1977) : *Historical Linguistics.* Cambridge University Press.

Chomsky, N. (1964) : *Current Issues in Grammatical Theory.* The Hague: Mouton. 橋本萬太郎・原田信一(訳),『現代言語学の基礎』大修館書店, 1972, pp. 3-113.

Chomsky, N. (1986a) : *Knowledge of Language.* Praeger.

Chomsky, N. (1986b) : *Language and Problems of Knowledge: the Managua Lectures.* MIT Press. 田窪行則・郡司隆男(訳),『言語と知識』産業図書, 1989.

Chomsky, N. (1994) : *Language and Thought.* Moyer Bell.

Crain, S. & Nakayama, M. (1986) : Structure dependence in childeren's language. *Language,* **62**, 522-543.

Halle, M. (1962) : Phonology in generative grammar. *Word,* **18**, 54-72. 橋本萬太郎・原田信一(訳),『現代言語学の基礎』大修館書店, 1972, pp. 135-163.

Huang, James (1987a) : Reamarks on Empty Categories in Chinese. *Linguistic Inquiry,* **18**, 321-337.

Huang, James (1987b) : Comments on Hasegawa's paper, in Proceedings of the Japanese

Syntax Workshop: Issues on Empty Categories, Conneticut College, New London.

Hankamer, G. & Sag, I. (1976): Deep and surface anaphora. *Linguistic Inquiry*, **7**, 391–428.

服部四郎 (1959):『日本語の系統』岩波書店.

服部四郎 (1971):比較方法.服部四郎 (編),『言語の系統と歴史』岩波書店, pp. 1–22.

Hoji, Hajime (1998): Null Object and Sloppy Identity in Japanese. *Linguistic Inquiry*, **29**, 127–152.

Jeffers, R. & Lehiste, I. (1979): *Principles and Methods for Historical Linguistics*. MIT Press.

黒田成幸 (1999):「文法理論と哲学的自然主義」.チョムスキー (著), 大石正幸 (訳),『言語と思考』所載, pp. 93–134, 松柏社.

丸山圭三郎 (編) (1985):『ソシュール小事典』大修館書店.

Meillet, A. (1964): *Introduction à l'étude comparative des langue indo-europeennes*. University of Alabama Press.

Otani, K. & Whitman, J. (1991): V-raising and VP-ellipsis. *Linguistic Inquiry*, **22**, 345–358.

Pinker, S. (1994): *The Language Instinct: How the Mind Creates Language*. Harper Perennial. 椋田直子 (訳),『言語を生みだす本能』(上, 下), NHKブックス, 1995.

Ross, J. R. (1967): *Constraints on Variables in Syntax*. Ph.D. Dissertation, MIT. Published as *Infinite Syntax!* by Ablex, in 1986.

Saussure, F. de (1949): *Cours de linguistique generale*. Charles Balley et Albert Sechehaye. 小林英夫 (訳),『一般言語学講義』岩波書店, 1972.

上山あゆみ (2000):「日本語から見える「文法」の姿」.『日本語学』, **19**(5), 明治書院.

第3章

ALPAC (1966): Languages and Machines: Computers in Translation and Linguistics. Tech. rep. Publication 1416, Washington D. C.: the Automatic Language Processing Advisory Committee, Division of Behavioral Sciences, National Research Council.

Barwise, J. (1989): *The Situation in Logic*. No. 17 in CSLI Lecture Notes. Stanford: CSLI Publications.

Boisen, S. & Bates, M. (1992): A Practical Methodology for the Evaluation of Spoken Language Systems. *Proceedings of the Third Conference on Applied Natural*

Language Processing, pp. 162–169. Trento, Italy.

Brent, M. R. (1991): Automatic Acquisition of Subcategorization Frames from Untagged Text. *Proceedings of the 29th Annual Meeting of the Association for Computational Linguistics*, pp. 209–214.

Chomsky, N. (1989): Some Notes on Economy of Derivation and Representation. **10**, 43–74. 内田平(訳),「派生と表示の経済性に関する覚書」, 認知科学の発展 Vol. 2 特集 認知革命, pp. 11–55, 講談社サイエンティフィク, 1990.

Chomsky, N. (1995): *The Minimalist Program*. MIT Press.

Church, K. (1988): A Stochastic Parts Program and Noun Phrase Parser for Unrestricted Text. *Proceedings of ANLP'88*, pp. 136–143.

Dennet, D. C. (1987): *The Intentional Stance*. MIT Press. 若島正・河田学(訳),『志向姿勢の哲学: 人は人の行動を読めるのか?』白揚社, 1996.

Dowty, D. K., Wall, R. E. & Peters, S. (1981): *Introduction to Montague Semantics*. Reidel.

Epstein, R. (1992): Can machines think? The quest for the thinking computer. *AI Magazine*, **13**(2), 80–95.

Grishman, R. & Sterling, J. (1992): Acquisition of Selectional Patterns. *Proceedings of the Fourteenth International Conference on Computational Linguistics*, pp. 658–664.

Harman, D. (1995): The First Text Retrieval Conference (TREC1). Tech. rep. 500-207, National Institute of Standards and Technology Special Publication.

Harnad, S. (1990): The symbol grounding problem. *Physica D*, **42**, 335–346.

Haruno, M., Den, Y., Matsumoto, Y. & Nagao, M. (1993): Bidirectional Chart Generation of Natural Language Texts. *Proceedings of AAAI'93*, pp. 350–356.

橋田浩一・伝康晴・長尾確・柏岡秀紀・酒井桂一・島津明・中野幹生(1997): DiaLeague: 自然言語処理システムの総合評価. 人工知能学会誌, **12**(2), 42–51.

Hasida, K. (1994): Emergent Parsing and Generation with Generalized Chart. *Proceedings of the Fifteenth International Conference on Computational Linguistics*, pp. 468–474.

Hasida, K. (1996): Issues in Communication Game. *Proceedings of the 16th International Conference on Computational Linguistics*, pp. 531–536, Copenhagen.

池原悟・宮崎正弘・白井諭・横尾昭男・中岩浩巳・小倉健太郎・大山芳史・林良彦(編集), NTTコミュニケーション科学研究所(監修)(1997): 『日本語語彙大系』(全5巻), 岩波書店.

Jelinek, F., Lafferty, J. D. & Mercer, R. L. (1990): Basic Methods of Probabilistic

Context Free Grammars. *Technical Report, IBM Research Report*, IBM T.J. Watson Research Center.

Joshi, A. K. & Weinstein, S. (1981): Control of Inference: Role of Some Aspects of Discourse Structure—Centering. *Proceedings of the 7th International Joint Conference on Artificial Intelligence*, pp. 385–387.

Kameyama, M. (1986): A Property-Sharing Constraint in Centering. *Proceedings of the 24th Annual Meeting of ACL*, pp. 200–206.

木村敏 (1994): 『心の病理を考える』岩波書店.

国立国語研究所(1996): 『新分類語彙表』国立国語研究所.

Magerman, D. M. (1994): *Natural Language Parsing as Statistical Pattern Recognition*. Ph. D. thesis, Department of Computer Science, Stanford University.

Marcus, M. P. (1980): *A Theory of Syntactic Recognition for Natural Language*. MIT Press.

Maxwell, J. T. & Kaplan, R. M. (1993): The interface between phrasal and functional constraints. *Computational Linguistics*, **19**, 571–590.

Miller, G. A. (1956): The magical number seven, plus or minus two: some limits on our capacity for processing information. *Psychological Review*, **63**(1), 81–89.

MUC-3 (1991): *Proceedings of the Third Message Understanding Conference*. San Mateo, CA: Morgan Kaufmann.

Nagao, M. (1984): A framework of a mechanical translation between Japanese and English by analogy principle. In Elithorn, A. & Banerji, R. (eds.), *Artificial and Human Intelligence*, pp. 97–103, North Holland.

Nagata, M. (1994a): An empirical study on rule granularity and unification interleaving in unification-based parsers. 情報処理学会論文誌, **35**, 754–767.

Nagata, M. (1994b): A Stochastic Japanese Morphological Analyser Using a Forward-DP Backward-A^* N-Best Search Algorithm. *Proceedings of the 15th International Conference on Computational Linguistics*, pp. 201–207.

日本電子工業振興協会機械翻訳技術分科会(1995): 『JEIDA 機械翻訳システム評価規準』日本電子工業振興協会.

Penrose, R. (1989): *The Emperor's New Mind: Concerning Computers, Minds, and the Laws of Physics*. Oxford University Press. 林一(訳),『皇帝の新しい心: コンピュータ・心・物理法則』みすず書房, 1994.

Pereira, F. & Schabes, Y. (1992): Inside-Outside Reestimation from Partially Bracketed Corpora. *Proceedings of ACL '92*, pp. 128–135.

Rumelhart, D. E., McClelland, J. L. & the PDP Research Group (eds.) (1986) : *Parallel Distributed Processing: Explorations in the Microstructures of Cognition. Volume 1: Foundations, Volume 2: Psychological and Biological Models*. MIT Press. 甘利俊一(監訳),『PDP モデル: 認知科学とニューロン回路網の探索』産業図書, 1989.

Sato, S. & Nagao, M. (1990) : Toward Memory-Based Translation. *Proceedings of the 13th International Conference on Computational Linguistics, Volume 3*, pp. 247–252, Helsinki.

Schank, R. C. (ed.) (1975) : *Conceptual Information Processing*. North-Holland.

Schank, R. C. (1982) : *Dynamic Memory: A Theory of Reminding and Learning in Computer and People*. Cambridge University Press.

Searle, J. (1980) : Minds, brains, and programs. *Behavioral and Brain Sciences*, **3**, 417–458.

Shieber, S. M. (1994) : Lessons from a Restricted Turing Test. Tech. rep. TR-19-92, The Center for Research in Computing Technology, Harvard University.

Sidner, C. L. (1983) : Focusing in the Comprehension of Definite Anaphora. In Brady, M. & Berwick, R. C.(eds.), *Computational Models of Discourse*, pp. 267–330, MIT Press.

Sperber, D. & Wilson, D. (1986) : *Relevance—Communication and Cognition*. Blackwell. 内田聖二(訳),『関連性理論——伝達と認知』研究社, 1993.

Stanfill, C. & Waltz, D. (1986) : Toward memory-based reasoning. *Communications of the ACM*, **29**(12), 1213–1228.

Suri, L. Z. & McCoy, K. (1994) : RAFT/RAPR and centering: A comparison and discussion of pronouns related to processing complex sentences. *Computational Linguistics*, **20**(3), 301–317.

Walker, M., Iida, M. & Cote, S. (1994) : Japanese discourse and the process of centering. *Computational Linguistics*, **20**(2), 193–232.

Winograd, T. (1972) : *Understanding Natural Language*. Academic Press. 淵一博・田村浩一郎・白井良明(訳),『言語理解の構造』産業図書, 1976.

第4章

Bälz, E. v. (1943) : 『ベルツの日記』(上, 下), 岩波文庫. トク・ベルツ(編), 菅沼竜太郎(訳), 1979 年新版. 原本は Erwin Bälz, *Das Leben eines deutschen Arztes im erwachenden Japan*, J. Engelhorns Nachfolger, 1931.

Butterfield, H. (1957) : *The Origins of Modern Science: 1300–1800*. G. Bell & Sons,

Ltd. 渡辺正雄(訳),『近代科学の誕生』(上,下),講談社学術文庫,1978.

Chomsky, N. (1965): *Aspects of the Theory of Syntax*. MIT Press. 安井稔(訳),『文法理論の諸相』研究社,1970.

Chomsky, N. (1981): *Lectures on Government and Binding*. Foris. 安井稔・原口庄輔(訳),『統率・束縛理論』研究社,1986.

Chomsky, N. (1995): *The Minimalist Program*. MIT Press.

郡司隆男 (1994):『自然言語』日本評論社.

郡司隆男 (1995):「言語学的方法」.岩波講座「認知科学」第1巻『認知科学の基礎』第5章.岩波書店.

Harris, R. A. (1993): *The Linguistics Wars*. Oxford University Press.

Hawking, S. (1988): *A Brief History of Time: From the Big Bang to Black Holes*. Bantam Books. 林一(訳),『ホーキング,宇宙を語る:ビッグバンからブラックホールまで』早川書房,1989,早川文庫,1995.

Kuhn, T. S. (1962): *The Structure of Scientific Revolutions*. University of Chicago Press. 2nd Enlarged Edition, 1970. 中山茂(訳),『科学革命の構造』みすず書房,1971.

Kuroda, S.-Y. (1965): *Generative Grammatical Studies in the Japanese Language*. Ph. D. dissertation, Massachusetts Institute of Technology. Published by Garland, in 1979.

Leoni, E. (1961): *Nostradamus and His Prophecies*. Wings Books.

松尾芭蕉 (1997):『芭蕉自筆 奥の細道』岩波書店.上野洋三・櫻井武次郎編.

村上陽一郎 (1982):『科学史の逆遠近法』中央公論社.1995年に講談社学術文庫.

村上陽一郎 (1994):『科学者とは何か』新潮選書.

中谷宇吉郎 (1958):『科学の方法』岩波新書.

Newmeyer, F. J. (1986): *Linguistic Theory in America* (2nd Ed.). Georgetown University Press. 松田徳一郎・馬場彰・宗宮喜代子・熊谷智子(訳),『現代アメリカ言語学史』英潮社,1994.

Nijweide, M. (1996): The Profecies of Nostradamus. On-line documentation. Available through the Internet at http://www.globalxs.nl/home/n/nijweide/prophecy/nostradamus.html.

Partee, B. H. (1971): On the requirement that transformations preserve meaning. In Fillmore, C. & Langendoen, D. (eds.), *Studies in Linguistic Semantics*, pp. 1–22. Holt, Rinehart and Winston.

Pollard, C. J. & Sag, I. A. (1994): *Head-Driven Phrase Structure Grammar*. The

University of Chicago Press.

Ross, J. R. (1967): *Constraints on Variables in Syntax*. Ph. D. dissertation, MIT. Published as *Infinite Syntax!* by Ablex, in 1986.

佐々木力 (1996): 『科学論入門』岩波新書.

Waldrop, M. M. (1992): *Complexity: The Emerging Science at the Edge of Order and Chaos*. Simon and Schuster. 田中三彦・遠山峻征(訳),『複雑系』新潮社, 1996.

米沢富美子 (1995): 『複雑さを科学する』岩波科学ライブラリー.

古田洋一 (1939): 『零の発見』岩波新書.

吉永良正 (1996): 『「複雑系」とは何か』講談社現代新書.

索　引

ALPAC レポート　　89
ASL　　39
Chomsky, N.　　59, 60, 143, 155
DiaLeague　　102
E-言語　　24
Frege, G.　　150
Frege の原理　　150
I-言語　　24, 62
Jakobson, R.　　151
Jones 卿 (Sir William Jones)　　49
Laplace の悪魔　　169
Lyman の法則　　151
MUC　　100
Otani, K.　　70
PARSIFAL　　103
Ross, J.　　65, 135
Saussure, F. de　　48, 53, 56, 143, 169
SHRDLU　　90
θ 基準　　21
θ 役割　　168
VOT　　57
Whitman, J.　　70

ア　行

曖昧性　　82
アメリカ構造 (主義) 言語学　　48, 141
アメリカ手話言語　　39
一般階梯　　53
意味　　28, 30
　　──のある一般化　　147
　　──の関係理論　　109
意味ネットワーク　　84

インド・ヨーロッパ祖語　　53
運用　　106
エスペラント　　32, 142
音韻対応　　51
音声器官　　15
音声合成　　87
音素　　58, 150

カ　行

下位範疇化　　114
開放命題　　69
カオス　　164
かき混ぜ　　9
ガ行音の鼻濁音化　　167
格関係　　86
拡大標準理論　　153
隠れマルコフモデル　　167
家族性言語障害　　26
活性値　　95
可能世界　　28
韓国語　　57
観察　　143
観察的妥当性　　146
完全チューリングテスト　　110
観測　　144
関連性　　117
　　──の原理　　117
関連性理論　　117
機械語　　34
機械翻訳品質評価用テストセット　　101
記号　　3

記号論理学　33
記述的妥当性　146
寄生空所　115
機能主義　109
規範文法　146
客観性　130, 131, 133
共時論　56
ギリシア語　53
空所　68, 115
クレオール　167
計算言語学　80
形式言語　89
形態素　82
形態素解析　82
形態素生成　87
決定木　167
決定性仮説　103
ゲーム理論　168
言語運用　23, 106, 143
言語機能　ix, 21, 23
言語ゲーム　109
言語行為　85
言語政策　47
言語(的)知識　23, 81
言語的意味　30
言語能力　22, 106, 143
言語野　18
限定合理性　106
原理と媒介変数　21
口音　16
高級言語　34
構成性原理　150
構成素　150
構造　6
構造依存性　63
構造言語学　56, 168
膠着語　52

喉頭　16
行動主義心理学　141
構文解析　83
構文論　145
合理的　106
誤嚥　17
コネクショニスト・モデル　95, 96
コーパス　96
個別言語　12
語用論　117
語用論的意味　30
コンピュータ言語　34

サ　行

再帰化　153
再現性　130, 136
再構　50
再構形　51
最長一致　82
最適性理論　164
作業記憶　107
産出　81
サンスクリット　53
恣意性　10
志向姿勢　111
思考実験　144
志向性　110
事象　83
自然言語　32
自然言語処理　80, 81
自然言語処理システム　81
自然主義　61
失語症　26
修辞構造　85
自由変異　58
主語代名詞削除　9
首里方言　49

索　引　187

手話　26, 38
照応　92
状況意味論　109
障語症　26
情報の部分性　106
自律性　25
事例に基づく推論　123
事例に基づく翻訳　94
人工言語　32, 142
人工知能　82, 159
深層構造　152
身体言語　3
生産性　6
生成　82
生成意味論　153
生成プランニング　86
生成文法　21, 48, 60, 89, 137
制約　92, 135
　——に基づく文法　92, 165
説明的妥当性　148
ゼロ階梯　53
選択制限　84
層状ネットワーク　95, 96
創造性　5
創発　168
創発的進化　22
相補分布　58
阻害音　57
祖語　49
素性構造　120

タ　行

大局的派生制約　163
体系　8
第2次認知革命　153
単一化　120, 168
単語　7

談話構造　84
蓄積性　130
知識表現　84
中央埋め込み　107, 169
中国語の部屋　110
中心化理論　169
チューリングテスト　98
超越性　4
調音結合　87
直接構成素分析　150
直観　67, 74
チョムスキー革命　155
通時論　56
手続き意味論　109
等位構造　88
等位構造制約　135
東京方言　49, 167
統語解析　83
統語規則　83
統語論　145
動詞句　8
動詞句省略　68
特異性言語障害　26

ナ　行

内的再構　55
日本語　57
ニューラルネット　95
人間原理　148
認知科学　155
認知革命　155
脳の一側化　17
能力　106

ハ　行

媒介変数　21
パーサ　83

バタフライ効果　164
服部四郎　51
パラダイム　152
パロール　56, 143, 170
鼻音　16
比較言語学　48
比較法　50
非協力ゲーム　168
非決定性有限オートマトン　167
非言語的推論　85
非言語的知識　81
ピジン　169
ヒューリスティクス　121
評価基準　63
標準理論　149
表層構造　152
表層生成　87
複雑系　161
複雑適応系　164
袋小路文　88
普遍性　130, 137
普遍文法　ix, 21, 25
プライミング　88
プラン　85
プラン認識　85
フレーム理論　169
ブローカ失語症　90
プログラミング言語　35
文　5
　——の階層的構造　8
文節数最小　82

文法　ix, 60, 145
文法規則　12
文脈解析　84
分類木　167
変形　103
弁別素性　151
傍士元　67

マ行

ミニマリストプログラム　108, 154
無限性　6
名詞句　7, 8
目的語省略　68
文字　4
モジュール　25

ヤ行

有限オートマトン　167
ユニット　95

ラ行

ラテン語　53
ら抜き言葉　169
ランガージュ　169
ラング　56, 143, 169
理解　81
利己的な遺伝子　18, 170
臨界期　22, 170
類推　60
連濁　151
論点先取　170

■岩波オンデマンドブックス■

言語の科学 1
言語の科学入門

	2004 年 4 月 6 日	第 1 刷発行
2004 年 12 月 15 日	第 2 刷発行
2019 年 4 月 10 日	オンデマンド版発行

著 者　松本裕治　　今井邦彦　　田窪行則
　　　　橋田浩一　　郡司隆男

発行者　岡本　厚

発行所　株式会社 岩波書店
　　　　〒101-8002　東京都千代田区一ツ橋 2-5-5
　　　　電話案内　03-5210-4000
　　　　http://www.iwanami.co.jp/

印刷／製本・法令印刷

© Yuji Matsumoto, Kunihiko Imai, Yukinori Takubo,
Koiti Hasida, Takao Gunji 2019
ISBN 978-4-00-730874-1　　Printed in Japan